PRINCIPLES
OF
LEADERSHIP

领导力原则

【美】威廉·R. 哈维（William R. Harvey）◎著

陈聪◎译　韦忠和◎译校

知识产权出版社

全国百佳图书出版单位

图书在版编目(CIP)数据

领导力原则 /(美)威廉·R. 哈维著;陈聪译. —北京:知识产权出版社,2018.6
ISBN 978-7-5130-5349-5

Ⅰ.①领… Ⅱ.①威… ②陈… Ⅲ.①领导学 Ⅳ.①C933

中国版本图书馆CIP数据核字(2017)第318594号

Principles of Leadership by William R. Harvey

©William R. Harvey 2016,America

责任编辑:卢媛媛　　　　　　　　责任印制:刘译文

领导力原则

LINGDAOLI YUANZE

[美] 威廉·R. 哈维 著

陈　聪 译　韦忠和 译校

出版发行:	知识产权出版社 有限责任公司	网　址:	http:// www. ipph. cn
电　话:	010-82004826		http://www. laichushu. com
社　址:	北京市海淀区气象路50号院	邮　编:	100081
责编电话:	010-82000860转8597	责编邮箱:	luyuanyuan@cnipr.com
发行电话:	010-82000860转8101	发行传真:	010-82000893
印　刷:	三河市国英印务有限公司	经　销:	各大网上书店、新华书店及相关专业书店
开　本:	880mm×1230mm　1/32	印　张:	8
版　次:	2018年6月第1版	印　次:	2018年6月第1次印刷
字　数:	230千字	定　价:	48.00元

ISBN 978-7-5130-5349-5
京权图字 01-2017-8659

本书献给我的妻子诺尔玛（Norma），在我们50年的幸福婚姻生活中，她是我的支柱。

布什总统与哈维博士合影

美国前总统奥巴马与哈维博士的合影。奥巴马总统任命哈维博士为白宫传统黑人学院与大学顾问委员会主席

克林顿总统与哈维博士合影

本书评论

　　欣闻哈维博士终于把他的十条领导力原则编纂成书。这十条原则指引着哈维博士形成了独具风格的领导方法，即我们现在所称的"哈维领导力模型"。我在汉普顿大学就职十年，先后担任学院院长、规划副校长兼研究生院院长。在哈维的领导下，汉普顿大学奋发图强、积极进取。在汉普顿大学，就就业业工作的人总能得到有力的支持，从深厚的人际关系、紧密的团队合作、汉普顿大学的品牌美誉中受益，即使离开汉普顿大学时日已久，这些仍令我们每一个人都感到欢欣鼓舞。汉普顿大学的品牌独具特色，因为其中融入了哈维的领导力原则，融入了我们集体努力的智慧结晶——我们曾共同致力于开拓创新，光明正大地与所有高等学府进行竞争，树立宏伟的梦想。

　　在汉普顿大学，许多担任领导岗位的人获得了坚实的职业发展、指导和支持。良好的氛围也促使我们每一位领导者为自己的下属提供职业发展、指导和支持。倘若对哈维的领导力原则有更深刻的理解，便能明白，我们这样做其实是整体有机地参与了岗位继任计划。

我在每一个岗位上、在所有工作中都应用这些原则，特别是在担任两所大学的校长期间，为了实现大学的转型，必须发挥极具包容性的领导力。我目前担任美国大学院校理事会协会的高级会员，仍然以哈维领导力模型的原则为基础来评估高等院校的领导力。

——美国大学院校理事会协会高级会员，萨凡纳州立大学、
克拉克亚特兰大大学荣誉校长卡尔顿·E.布朗

我在汉普顿大学工作七年半，期间一直得到威廉·R.哈维博士的教导。在他的指导下，我不仅成长为一名有效、高效的女校长，更能在担任校长一职时感到游刃有余、得心应手。威廉·R.哈维博士的远见卓识和他的领导力原则不为学位和文凭方面的繁文缛节所束缚，而是以营造良好的环境为基础，借由良好的环境来增强包容性和多样性，提倡原创思维，倡导人们勇于尝试并且"总结失败教训，坚持尝试"，增强人们的责任感和主人翁意识。

——戴安·伯特雷·舒伯

（曾任圣奥古斯丁大学校长一职近15年）

不论是已经担任领导职务的人还是即将走上领导岗位的人，都应当读一读威廉·R.哈维撰写的《领导力原则》。哈维博士在本书中所论述的原则均是他一贯坚持的原则，可谓亲身证明了"通过以身作则发挥领导力"的重要意义。我有幸与哈维博士共事近二十年，在担任教派际神学中心主席期间，我常常想方设法用我从哈维博士那儿学来的一条原则来激励我的学生和教职员工，这条原则是：卓越并非目标，而仅是起点。我从威廉·哈维身上所学不仅在我三十年的学术领导职业生涯中行之有效，在我作为美国历史上任期最久的驻非洲联盟大使的外交生涯中也行之有效。哈维的领导力原则并非只适用于学术殿堂。

　　　　　　　——洛杉矶教区大教堂中心教务长及法政神学家

　　　　　　　迈克尔·巴特尔

毫无疑问，威廉·R.哈维博士必将作为本世纪最成功、最卓著的大学校长被载入美利坚合众国高等教育的史册。

他曾谆谆教导我23年，令我受益匪浅，正因如此，我才能够在大学校长的职位上有所作为。他的领导力原则正确可靠，若能系统化地加以贯彻落实，定然能够发挥作用，为大学院校及其领导层带来回报。哈维博士有诸多美誉，人们称他为"循循善诱的大学校长""大学校长的校长"，甚至称他为"大学校长的院长"。他的十条领导力原则、他把汉普顿大学打造成高等教育界杰出大学的决心，都有力地证明了他提出的领导力原则行之有效，必然能够帮助其他大学院校取得成功。

——巴哈马群岛大学校长兼首席执行官罗德尼·D.史密斯

读者诸君好，我是莱昂内尔·里奇。

威廉·哈维博士所撰新书《领导力原则》出版面市。我与哈维博士相识甚久，他曾给过我有关生活原则的宝贵意见，对我的职业生涯大有裨益。

我强烈推荐诸君把本书当作参考手册，遵循本书的指引过上更美好的生活，也让自己变得更睿智。

我在此恭请诸君边品咖啡边阅览本书，定然能领略其中趣味。

书中介绍了十条领导力原则，敬请垂阅。

——著名歌手/音乐制作人莱昂内尔·里奇

《Say You, Say Me》原唱/词曲作者

第25届格莱美奖最佳流行男歌手奖

第27届格莱美奖年度专辑、年度非古典类制作人

第28届格莱美奖年度歌曲奖

第58届奥斯卡金像奖最佳原创歌曲奖

2014年黑人娱乐电视大奖终生成就奖

第40届肯尼迪中心荣誉奖

第58届格莱美奖年度音乐关怀人物

这是一本引导人们向上攀登，走得更远，鼓励领导者"努力成为北极星"的书；是一本带给读者很多正能量，享受审美、提升愉悦感的书。

人类对美好的追求是共同的，实现这种追求的要件是具有好的领导者。好的领导力，实质就是教育力。一个好的领导者必须是堪为师表的教育者，这也是我热衷于建设盛隆大学的原因。

这本书让我找到一个远方的知音。东西方的隔阂并非那么大，浩瀚太平洋彼岸也伸手可触，人类命运共同体决非空中楼阁。

——盛隆电气集团党委书记、董事长谢元德

威廉·R.哈维博士担任汉普顿大学校长40年，也是密歇根霍顿百事可乐罐装公司的独资业主。

威廉·R.哈维生于布雷顿，获泰拉迪拉学院文学士学位、哈佛大学学院管理博士学位。纵观其职业生涯，哈维博士凭借杰出的领导力和卓越的工作成果受到许多机构和组织的嘉许。他荣获诸多奖项，其中包括查尔斯·汉密尔顿·休斯敦律师坚守高等教育领导力及经济发展奖、《每日新闻报道》（Daily Press）年度公民奖、百事公司哈维·C.拉塞尔奖、弗吉尼亚半岛商会卓越公民奖、卡潘（Phi Delta Kappa）哈佛分会杰出服务奖、美国传记学会年度人物奖。哈维博士获得哈佛大学、塔斯基吉大学、泰拉迪拉学院、索尔兹伯里大学等多所高等教育学府11个荣誉博士学位，入选"汉普顿锚地商界名人堂"。此外，加州伯克利、德克萨斯州圣安东尼奥、亚拉巴马州塔斯基吉、亚拉巴马州伯明翰均授予他象征荣誉的"城市钥匙"（Key to the City）。

哈维博士在汉普顿大学任职期间引入众多创新举措，其中包括在汉普顿大学校园里成立质子治疗研究所。这些创新举措巩固了汉普顿大学作为美国一流高等学府的地位。汉普顿大学的学生素质和学科专业水平不断提高，实体设施和财务基础不断完善、巩固，彰显出哈维博士卓越非凡的领导力。

　　我深信，要取得成功，知识是关键。正因如此，我一直对教育充满热忱，坚信教育能够改变人生。在我小的时候，我的父母非常重视教育的重要作用，他们坚决要求我和我妹妹认真接受教育。从早年就读阿拉巴马州南方普通高中，到在塔拉迪加学院念本科，再到在弗吉尼亚州立大学和哈佛大学念研究生，我从不曾马虎对待教育。我始终认为能够接受教育是一种荣幸，它引领我在人生中走得更远，走向成功。

　　我希望推动卓越教育，积极地改善人们的生活，为此我决定从事大学行政工作。初入高等教育领域，我在多个学院、大学担任过各类行政岗位。这段时间的工作经历和良师益友的指导，为我担当重任打下了坚实的基础，激励我在三十七岁那年开始担任汉普顿大学校长一职。

　　至今，我担任汉普顿大学校长已近半生时间，积累了许多对个人生活、职业生涯均非常有用的经验。我要在

《领导力原则》一书中要与读者分享的正是这些有用的经验。

　　我的人生当中，除了家庭就是汉普顿大学，因此我总是满怀热情地为她服务。我恳请读者诸君也满怀热情地为自己所在的机构、组织服务。为他人服务令我感到快乐。我是幸运的，因为我获得了为汉普顿大学服务的权力。这是我一生的至乐，也是我一生最重大的使命。

　　我想告诉读者诸君，未来我将延续自己走过的人生历程，也就是说，将来我会继续落实自己已经展现出来的领导力。历史一再证明，人类特有的品性使人类有能力纠正错误，化解苦难，提供指导和引导，鼓舞受压迫的人们，最终改变世界。

目 录 C O N T E N T S

目　录　C O N T E N T S

第1章 导言

任何实体要取得成功，都必须关注领导力问题。无论是商业、教育、政府、政治、体育、艺术和保健，还是其他任何领域，领导力都具有举足轻重的作用。领导力有建设之能，如能够建设或复兴一家伟大的企业或大学；领导力也有破坏之力，如可以滋长或操控某个城市或街区的毒品交易。无论发挥哪种作用，有效的领导力都是成功的决定因素。

我有幸担任汉普顿大学（Hampton University, HU）校长近40载，在我的任期内，这所位于弗吉尼亚州汉普顿市的大学在学生人数、学术项目、研究工作、物质设施、体育运动计划，以及经济基础方面实现了质的重大成长和发展。我当选校长时，按照我的个人计划，我决定通过以下方式来实现汉普顿大学的使命：打造激动人心的愿景；争取各界人士的支持；强调团队合作；设定高标准；鼓励大家树立可靠的工作伦理观念；鼓励教员积极创新，努力进取；采用良好的管理办法；勇于打破常规，敢于承当风险；倡导公正文化；贯彻财政保守主义政策；注重结果。汉普顿大学是个规模不大但具有前沿科研实力的学府，大约有50个学士学位授权点、21个硕士学位授权点和9个博士学位授权点。无论从哪个角度进行客观分析，汉普顿大学都足以跻身于全美国最优秀的大学之列。

看到汉普顿大学在无数领域取得的累累硕果，尤其是在其他形形色色的大小院校都表现不尽理想的情况下，我在哈佛大学的导师、高等教育行政管理人员、高校学生、校友，以及其他热心人士纷纷要求我解密这些成就背后的故事。另外，他们还要求我详细谈谈汉普顿大学成就背后的指导原则。鉴于各界询问不断，同时有人鼓励我说，汉普顿大学的故事对于高等教育管理的热心人士具有带头示范作用，我决定向大家详细阐述我在任职期间采取的领导力特点和原则。

撰写此书的目的是分享哈维领导力模型及其作为成功模式所具备的核心价值观、特点和原则，以供有志者借鉴。在本书中，我也会与读者分享我的思维形成过程中的个人心得、想法、动机和教训。希望本书的内容，能够为意欲成为高效领导者的人士指明方向。

这个领导力模型虽然由我创建，但我要感谢许多人士的指引、支持、指导和启发，他们影响了我的思维和行动。贯彻这个模型需要行政管理团队的成员、教员、学生、理事及其他人士同时发力。大家齐心合力，才成就了汉普顿大学过去40载的辉煌。

多年来，我接触到许多才华横溢、成就斐然并且知识渊博的专业人士，他们都在钻研、撰述、传授和表达领导力的原则、特征、策略、秘密、见解、理论、实践及陷阱。我本人关于领导力的很多初步想法就融合了这些大师的智慧和哲理。此外，哈佛大学的特德·赛泽（Ted Sizer）、费斯克大学的吉姆·劳森（Jim Lawson）、塔斯基吉大学的路德·福斯特（Luther Foster）和 K. B. 杨（K.B. Young）、弗吉尼亚州立大学的埃德加·托平（Edgar Toppin）、汉普顿大学理事会的温德尔·福尔摩斯（Wendell Holmes）及其他理事等都是我的导师，令我受益匪浅。

站在这些巨人的肩头，我博采众家之长，形成了自己的风格和哲学。或许套用沃伦·本尼斯（Warren Bennis）和伯特·纳努斯（Burt Nanus）在其著作《领导者：负责任的策略》（*LEADERS: The Strategies for Taking Charge*）中的表述最为恰当不过："剽窃和效仿有很多共同之处，但是前者是大罪，在法律上构成侮辱，而后者则是我们为得到宽恕而给予对方的最高赞美。"[1]因此，如果我的领导力特点模型中有任何内容已被其他人详加阐述过，我感谢他们为我树立的榜样，感谢他们让我有机会效仿他们杰出的思想和行为。

不管别人怎么说，我自认我这一生在很多方面都非常幸运，其中包括我的父母，他们是我人生最初的领导力楷模。从他们身上学到的东西，鼓舞我踏上了自己的领导力培养之路。我的父亲 W. D. C. 哈维（W.D.C.Harvey）以身作则地为我上了关于倾听、提问、征询意见和分析信息等主题的领导力课程。我的母亲玛米·克劳迪亚·帕克·哈维（Mamie Claudis Parker Harvey）则教导我，良好品德和财务责任非常重要，并让我明白，要成为领导者，就必须具备让别人愿意跟随的个人品德。她不断强调要诚实、正直、尊重和信任。此外，我的父母强调从阅读中获得快乐，并重视教育的重要性。

从学校回到家，他们首先问的问题总是"今天过得好吗？"第二个问题，"今天在学校里学到了什么？"于是，我和妹妹安妮不得不向他们报告我们获得的新知识、新发现，以及在学习中的任何新兴趣。我记得有一次安妮对我说："老师只是偶尔考考我们，但是爸妈每天都要考我们。"在哈维家生活就是如此"水深火热"，不过，我对此非常感恩。

我的父亲忠于家庭，是个虔诚的基督徒。在20世纪40年代、50年代和60年代，他是阿拉巴马州的建筑承包商和民权领袖，曾经担任过NAACP（编者注：全国有色人种协进会）、SCLC（编者注：南部基督徒领袖联合会）、Brewton Civic League（编者注：布鲁顿公民联盟）和其他民权组织的地方分会主席。尽管我的父亲坚定地反对当时存在的种族主义和不平等现象，但是他经常说我们很幸运能成为美国人，我们应该为我们的国家感到自豪。

我猜我爸爸之所以在那段动荡时期走上领导岗位，原因有3个。首先，他无所畏惧。他通过言传身教，向我和其他人强调我们不应该惧怕任何人，并且应该尊重每个人的意愿；其次，他充满热情，关心自由、平等和争取种族平等的斗争；最后，作为个体经营性质的建筑承包商，他不会受到雇主在工作中施加的压力和恐吓。最后这个原因也解释了为何有这么多非裔美国牧师、医生、牙医、殡葬业者和其他个体经营者在民权运动中担任领导。

在那段人性沦丧的种族主义时期，南方禁止非裔美国人和其他少数民族使用酒店和餐馆等公共设施。马丁·路德·金（Martin Luther King）博士、拉尔夫·戴维·阿伯内亚（Ralph David Abernathy）牧师、A.菲利浦·伦道夫（A.Philip Randolph）先生、罗伊·威尔金斯（Roy Wilkins）先生，以及许多其他地区、州和地方的活动家都知道旅途中他们可以在哪些南方家庭歇脚。

哈维家是当地组织的聚会点，也是外地旅行者的歇脚处。旅行者大多会在周末造访，他们有时会在我家吃饭，喝杯茶或柠檬水，有时会在客厅沙发上打个盹儿或借宿。他们的来访总少不了有趣的谈话。父亲有时会准许我旁听他们开会，我终身感激他的这个决定。他准许我旁听的条件是：不准提问，不准发表意见，也不准说话。他会对我说："你的任务是倾听和学习。"

如今，当我回想往事，头脑中仍然还会浮现出当时的情境：大人们坐在客厅里，摘下帽子，松开领带，抽着香烟或雪茄，围绕时事激烈地辩论不休。当大家移步到餐桌旁享用我母亲做的饭菜或小吃时，场景和气氛也会随之变化。祷告之后，大家开始吃饭，此时的氛围很轻松，充满欢声笑语。大人们谈话时，我就坐在我父亲放在墙角的餐椅上仔细倾听。当他们谈到公民权利运动的利益、愿望、困难、挑战和荣誉时，有时我会心潮澎湃，几乎难以按捺自己。

我不记得伦道夫先生和威尔金斯先生来过我们家，但可以回想起阿伯内亚牧师和金博士造访的情境。金博士的哥哥A. D. 金（A. D. King）牧师是我家的常客，有时会在我家过夜。我之所以对A. D.金牧师的来访印象深刻，是出于某个不同寻常的原因。他使用了名叫"魔法剃须"的产品，臭气熏天。每当金先生早上刮胡子时，我和安妮都会捏着鼻子，一边指着关上的浴室门，一边咯咯地笑。A. D.金是个非常出色且有魅力的牧师和领导者，但是我和妹妹对他最深刻的记忆就是他那奇臭无比的剃须粉。

正是在旁听民权运动活动家的谈话过程中，我日益钦佩、欣赏和迷恋父亲的领导能力和领导风格。在旁听他们会谈期间，我很早就注意到我爸爸是个很好的听众。虽然他通常很少发言，但是却能让人感觉到他真心欣赏别人的想法。

我爸爸非常擅长提问，特别是在当地会议上。他会叫出对方的名字，询问对方对某种情况、问题或策略的看法。有时，如果被问的人答非所问，他会说："我问的不是这个。"在这种情况下，对方不得不直面他的问题，给出明确的回答。

爸爸还非常擅长求同存异。获得反馈意见之后，不管是反对意见还是分歧，他都会把大家讨论的内容清楚地整理成方案。这种求同存异的做法很能激发大家的主人翁意识，让大家能够着眼于大局，不管力量大小，都积极做出自己的贡献。

我爸爸虽然读书只读到八年级，但是他才思敏捷、擅长分析。后来，我将这种分析才能归结于他对数字的精通。他会做加、减、乘、除运算，速度几乎不逊于时下的计算器。他曾经为我买过滑尺并自学掌握了滑尺的用法。

他从来没有上过建筑方面的课，但是通过阅读自己购买的建筑书籍和制图手册，他学会了为他承建的住宅、商业建筑、商店和其他建筑物绘制设计图。因为记忆天赋超卓，凡是阅读或观察过的东西，他几乎不会忘记。在我们的主卧室，爸爸在牌桌上搭建了一张高架制图桌。他曾经伏在这些桌上为他承建的建筑物绘制设计图。

因为智力超群，所以他能够绘制房屋设计图，操作滑尺，权衡错综复杂的因素，进而在待人处世中表现出非常敏锐的分析能力。在我曾旁听的会议中，我亲眼目睹过他接收、提炼并分析别人提供的信息，然后提出行动方案。他天赋卓越并善于运用，这令我敬佩他，也敬佩他有条不紊的审慎作风。

集这些优点于一身的他始终是我的楷模。我的记忆力没有他好，不过我在某些地方也继承了父亲的好记性。比如，我能异常清楚地记起人、情形和事件，这种能力是我的宝贵财富。

他以身作则地教会了我如何倾听、如何求同存异、如何进行分析，这些技能在我与个人和组织打交道时发挥了巨大的作用，令我终身受用无穷。如今我意识到，当年我以不许说话的微小代价，就学到了许多宝贵的经验和智慧，并有幸亲眼见证历史。在被准许旁听的场合，我听到了对于民权运动的成功影响深远的时事、未来计划和机密策略。父亲坚持不准我说话的做法，实际上磨砺了我，让我掌握了一项令我终身受益的卓越能力。这种能力就是倾听。

通过言传身教，我的母亲也教会我和妹妹若干关于领导力的重要知识。她坚定不移地认为人必须承担财务责任。她曾经说过，如果我们只有1美元，我们就不能跑到杂货店购买价值1.25美元的物品，我终身难忘她的这个教诲。

还有个重要的训诫涉及品德的重要性。母亲认为，在她自己的子女、别人的子女、朋友、熟人，以及家族成员的人生中，培养品德就是她的主要事业。她认为诚实是良好品德的基石，她说："你们愿意人怎样待你们，你们就要怎样待人。"还有句话我日后听过很多次，但最先对我说这话的人是我的母亲，她说："始终要行正道，不管有没有人在看。"虽然我不敢说自己做的事总是对的，但是我确实很早就明白品德是领导力不可分割的组成部分。

在我的成长过程中，母亲最常强调的四个品德特质是诚实、正直、尊重和信任。这四个特质是哈维领导力模型的基础，在我的整个职业生涯中，我都是按照这四个标准要求自己的。现在，我来与大家分享我母亲的部分核心价值观和品德特质。

诚实是领导力的支柱。一个人如果在与别人相处时不诚实，他/她的成功将会是短暂的。我不喜欢别人与我打交道时公然说谎。汉普顿大学的教员、工作人员和管理人员都知道，他们能做的最糟糕的事情，莫过于向我撒谎。我们每个人都会犯错误，如果我犯了错，我会坦然承认。如果有人做错事情或犯下错误，那么这个人应该承认错误，努力避免再犯，然后继续前进。我尊重、欣赏并且喜欢诚实的人。袒露真相后，可能很容易获得宽恕，对方也会既往不咎。若隐瞒真相，也可能被宽恕，但造成的伤害则难以被遗忘。

母亲不但告诫我们必须始终保持诚实，而且强调欺骗和偷窃是品德欠佳的表现。我记得父亲有时会在训诫我们兄妹俩之前说："你们的妈妈把你们教得很好。我知道你们是好孩子，因为一枚5美分硬币在桌子上放了好几天都没有丢失，你们俩都没有拿它去买糖或饼干。"这个开场白之后，他就开始责备我们不打扫房间、不洗碗、不倒垃圾、不修剪草坪等。虽然我们跟普通小孩一样，有时也会不听父母的话，但我从未想过占有或使用不属于我的东西。

就领导力而言，正直就是注重荣誉、信任、诚实原则，以及公认的个人和专业行为标准。讨论正直，就绕不开标准这个重要话题，因为要建立秩序井然并蓬勃发展的民主组织和/或社会，就必须遵守整套明确的公认规则。

大多数营利、非营利、政府、体育和其他组织都必须遵守整套书面或浅显易懂的行为标准。例如，地区和国家认证机构会颁布该国所有教育机构都必须遵守的规则；在田径运动领域，NCAA（编者注：National Collegiate Athletic Association，全国大学体育协会）制定了整套规则和条例，所有成员只有遵守这套规则条例才能保持其体育队伍的良好信誉。若某机构或田径活动无法保持良好的信誉，他们就会受到处罚，甚至被剥夺成员资格。从这两个例子可以看出，机构和个人必须按照规则、规定和合格的行为标准行事才有资格被称为正直。

无论是在公司、政府、教育或其他机构，人们都应该按照所在机构的治理规则行事。走捷径不管用，骗人也不管用。我经常说，如果某笔交易或合同若会导致一方赢，一方输，就算不得好交易或好合同。能够实现双方共赢的协议不但是个好交易，而且能够为未来的业务和稳固合作关系奠定基础。毫无疑问，任何领导者在个人和专业方面都应正直行事。正直是体面、高尚品德和美德的必要条件。

此外，我的父母强调要尊重他人，这个谆谆教诲我将遵循一生。我认为尊重就是要对值得尊重的个人、思想、组织、被任命或选出的职位、机构、关系等表示尊崇和敬意。"尊重意味着必须积极关注其他人或物的价值。"[2]即使对某人或某事持有异议，以直接、坦率并且尊重对方的方式解决问题才是正确的应对之策。人们可以态度和善地表达异议，可以不带怨气地争辩。"在日常生活中，尊重非常重要。童年时期，我们被教导（希望如此）要尊重父母、老师和老人，尊重学校的规定、交通规则、家族和文化传统，尊重别人的感受和权利，尊重本国的国旗和领导人，尊重真相，尊重别人的不同意见。"[3]

尊重自己同样重要。每个人都有自己的优点和缺点，要学会欣赏自己的能力。应该强化自己的优点，克服或改善自己的缺点。不要嫉妒别人的成功。相反，要发挥自己的优势，努力争取成功。在这个过程中，你会变得更加自尊、自重。

自尊、自重的态度会感染同事、团队成员及其他交往者。我坚信，如果你没有足以领导自己的自律和品德，你就难以领导他人。领导者必须为别人树立榜样。曾有人说："按我说的做，别学我的行为。"天长日久，用这类哲学来糊弄他人的领导者必然完蛋。威廉·佩恩在其1669年出版的《没有十字架，就没有冠冕》（*No Cross, No Crown*）一书中写道："无法驾驭自己的人就不配驾驭他人。"[4]时至今日，这句名言依然真实不虚、掷地有声。

在提倡并且实践科学领导的过程中，我试图通过成套个人法则和标准来提高领导水平，碰巧我这个人又非常重视个性、习惯和人际关系。想要成为领导者的人必须警惕他们的某些熟人和所谓"朋友"。我知道有些人会结交众所周知的"长舌妇""扯谎精"，以及在自己的圈子里搬弄是非的人。如果听之任之，这些负能量满满的人可能会对个人的职业生涯和个人生活造成严重破坏。

古语有言："物以类聚，人以群分。"任何想要认真学习或实践领导术的人需要明白，你的个人行为举止事关自己所在公司、组织和人际圈子的成功，所以是非常重要的。

除了接受我父母关于诚实、正直、尊重和信任的核心价值观以外，优秀的领导者还应具备其他的素质。这些素质包括：赞美他人；重视别人的意见；坦率直接地与每个人交往。将所有这些素质结合起来的"黏合剂"或许就是信任。成功的组织关系，都必须以信任为基础，这是大家必须明白的事情。我认为，如果没有信任，任何组织关系或个人关系最好的结局也不过是流于平庸。我会在第4章"组建团队"中详述信任的重要性和必要性。

表扬同事的成就，相信同事能够取得好成绩。即便你可能更精通某个特定问题，但提议由同事牵头做公开报告也能显示你对他们的信任。写感谢信，让同事知道你感谢他们的努力，欣赏他们的成功。

要以坦率直接的态度处理所有个人关系和工作关系。这是我长期以来坚持的理念，因为我希望别人能这样与我交往。我不希望人们来找我说些我想听的东西，我知道自己的想法。正因为如此，我才想知道别人是怎么想的。

决策之前，征询意见。我坚信，在每个机构中，所有会受决策影响的人都有权在决策过程中发表自己的意见。这并不意味着他们的意志可以左右决策，但是他们的意见应该得到重视。

在所有这些必要的个人素质中，领导者要体现出诚实、正直、尊重自己和别人、求真、信任并且为所做的事情负责。诚实、正直、尊重是众所周知的优秀品质，容易察觉和领会到。有时候，责任感并非如此。

有些人在遇到不快的事情时，会像鸵鸟那样把头埋在沙子里，假装什么事都没发生或者否认明显的事实。他们可能还会拒绝承认或拒绝讨论牵涉他们的不得体行为。有些人可能还会明显狡辩，有些人则会表现出自恋型人格障碍：听到任何批评就勃然大怒或发飙；在交谈时，不听或打断别人说话或者喋喋不休，不让别人发言；自我陶醉，自以为是。我甚至目睹过有人在自己的不当行为被揭穿后，装作被冒犯的样子，或声称自己受到侮辱。他们不对自己的行为承担责任，而是试图将责难转移到受他们祸害的苦主身上。真正的领导者和品行善良之人不应这样处理问题。

记住，每个人都会犯错误。因此，发生这种情况时，应该承认错误，交代所有事实并且尽量不再重蹈覆辙。不应该通过花言巧语、扭曲事实或夸大自己的职业道德、智力和经验来愚弄别人。不久以后，大部分人都会看穿谎言。同样的道理，真心实意的举动即使对愤世嫉俗者和批评者也能产生积极的影响。

本书的大量篇幅用于讨论哈维领导力模型的领导力原则，并叙述我身为教员和行政管理人员的同事如何让汉普顿大学毫无争议地跻身于全美普通规模的最佳大学之列。本书也强调了我的信念，即领导者非常需要接受我在本章中所述的个人价值观。这些价值观是我人生中最初的两位榜样——我的父母——传授给我的。在结束导言部分之前，我想要讨论某个对我非常重要却素昧平生的榜样。这个人就是塞缪尔·查普曼·阿姆斯特朗（Samuel Chapman Armstrong）将军，马萨诸塞州人，美国内战期间联邦军的准将。

每次想到这位汉普顿师范和农业学院的创始人，我都会浮想联翩。他筹集资金、修建校楼，聘请老师，招收学生，争取盟友和支持，通过不懈努力，将虚无缥缈的梦想变为现实。他创建的这所学院改变了数十万人的生活，其中包括黑人、白人、北美土著居民、男人、女人、富人、穷人、籍籍无名的人，以及所有这些人的后代。当人们开创的事业拥有改天换地的能力时，不只是他的劳动成果，他的心血本身都能激发我最诚挚的感激和尊敬。

此人究竟是何方神圣？用他在威廉姆斯大学的同学约翰·丹尼森（John N. Dennison）的话来说，年轻的阿姆斯特朗给他留下的最初印象是"这个人拥有超级充沛的活力"，"他带着蛮横的活跃劲儿，拥有火山般炽热的力量，就像一阵暴风"。身为牧师的丹尼森博士则形容他是"冰与火的化身，是炽热激情和冷静智慧的综合体。事实上，这个人是所有矛盾的对立统一：贤明又好斗；庄严又轻佻；严肃又荒诞，务实又超脱，他的灵魂中蕴藏着奇怪但深刻的宁静"。[5]

显然，他的同学认为他是个全才。"他是能战胜风暴的掌舵者，能够编辑报纸，帮助政府运行，制定外交政策，读懂希腊文献，开设高等数学课程，为孩子们制造无穷的快乐：事实上，在孩子眼中，他就是永不枯竭的快乐之源。"他的大学同胞对他还有若干其他的评论，这些评价可能有助于我们了解并拼凑他的生平经历。他说阿姆斯特朗很勇敢，拥有"……像古代传教士般帮助别人的强烈冲动"。最后，他表示如果硬要说阿姆斯特朗将军有什么爱好，那就是"他总是能让事情向最好的方向发展"。[6]这些个人品德令我心向往之。

那么，这个人有怎样的眼界和成就呢？首先，他开创先河，为黑人男女创办学校，专门培养他们的智慧、心灵和实践能力。这所学校提倡在实践中学习。这所学校为学生提供能帮助其谋生的教育。他最初为这所学校确立的科目包括"旨在培养阅读和辩论能力的英语课、地理、数学、历史、公民政府科学、自然科学、政治经济学"。[7]接下来，他开设了砌砖、抹灰、制作家具和木工的专业课，让汉普顿人能够建造并且拥有自己的房屋、仓库和商店。他开设铁匠课，让汉普顿人自此能够给自己的马匹钉蹄铁并且通过为其他马匹钉蹄铁来谋生。因为知道国家即将进入发展期，所以他开设了管道和管道配件课，希望黑人能为美国的这一波增长做出贡献。他开设了印刷课，创建了汉普顿学院出版社，从而可以向大众传播黑人的作为、社会为黑人所做的事情，以及黑人的工作情况，因为他知道支持美国南部邦联的编辑和记者无法客观和准确地解读并报道这些事情。他开设缝纫课是因为他自己的穿着向来无可挑剔，他相信最佳外在形象有助于成就最优秀的男女。

对品德建设和个人举止的高度重视，完善了阿姆斯特朗将军的哲学体系。他还认为高尚的行为离不开良好的品德。在他的许多公开演讲中，他强调没有良好的品德就没有高尚的行为。他觉得，无论学什么，品德建设都至关重要。他说："品德是劳动制度最珍贵的成果。它的价值比其成本高出很多倍。它不便宜，但是它能带来回报。"[8]此外，他还表示："……需要建立能够立竿见影地提升精神和道德价值、摧毁奴隶特有恶习的体系。"这些恶习是什么呢？它们是"目光短浅、粗枝大叶、缺乏荣誉感和道德意识、普遍缺乏集中力、判断力和远见"。"在我们所做的所有工作中，"他说，"陶冶心灵最为重要。"[9]

在继续讲述这个故事之前，我们先来回想19世纪60年代内战后的南方。阿姆斯特朗将军当年胆敢开设"黑鬼学院"，必然要冒天下之大不韪。我猜南方白人最不愿意看到的，就是一个北方白人竟然为他们过去的奴隶提供教育这件事。撇开如何招募教师，修建校舍和教室，确保衣食供给，保护学生安全这些事情不说，光是维持学校的日常活动就已经令人进退维谷了。好像这样还不够艰难，除了维持学校运营之外，阿姆斯特朗将军还要实施激进的教育计划，不但要传授手艺，还要对这些几年前才脱离奴隶身份的人进行品德教育。

"要做的事情非常明确，"他说。他认为学校必须"挑选有潜力的黑人青年，对他们进行训练，让他们走出校门，去教导和领导他们的族人。首先做出榜样，获得土地和住房。如果他们可以自己赚钱，那就不要给他们哪怕1美元。要教会他们尊重劳动。有了手艺之后，就不必再做愚蠢的苦工。如此这般来建立理想的工业体系，不仅让他们成为自力更生的智力劳动者，也能培养他们的高尚品德"。[10]怀抱着这些计划，1868年4月1日，阿姆斯特朗将军宣布汉普顿师范和农业学院开始开课授业。当时，全校只有1名女宿管、

1名教师和15名学生。依靠超卓的才华、辛勤的努力、团队合作、坚持不懈、祈祷和四面八方的美国民众的支持，他实现了自己的目标。

正是父母的杰出示范，其他榜样及师长、同事的影响，再加上对领导力的研究和自己的想法，鞭策我创建了哈维领导力模型。这个模型包含10条原则，每条原则都用1个章节来讲解。世界上无疑还有其他的模型，但是我近四十年的经历可以证明这个模型中阐述的领导力原则行之有效。这10条原则是：

1.愿景

2.工作伦理

3.组建团队

4.管理

5.财政保守主义

6.学术卓越

7.创新

8.勇气

9.公平

10.结果

首先，让我给领导人和未来的领导人提些建议。大家要明白，集体能力优于个人能力。所以，即便你是团队领导者，采用团队策略来进行管理也比采取个人策略更加明智。要尽可能多地收集正式意见和非正式意见，因为这些意见牵涉影响你所在机构的决策和行为。信息"弹药"越多越好，始终要做最适合并最有利于本机构的事情，即使创意并非来自你本人。

领导者必须明白世上总有充满负面情绪的人，用怨毒和蛇蝎之类的词语来称呼他们真是恰如其分。对于这类人，我的回应是："诚然，蛇蝎是有的，但是他们生性不喜高处。因此，我要不断向上攀登。"领导者要努力成为北极星。永远不要低估领导的力量。

撰写此书带给我无比的愉悦，希望你在阅读本书时也同样开心并且从中得到启发。

第2章 愿景

当我于1978年7月1日成为汉普顿学院的校长时，我就接过了领导这所美丽的老牌学校的重任。在1868年首次打开校门时，本校的创始人塞缪尔·查普曼·阿姆斯特朗将军赋予这所大学的使命就是培养智慧、心灵和实践能力，从而提供"生活教育"。在1978年，这所学校仍然同样忠实于这个使命。它鼓励毕业生走出校门，去"教导、领导和服务"，这项方针当时振奋人心。[1]此外，汉普顿学院还有些优秀的校友热爱母校，愿意投入时间和金钱来支援母校建设。学生热爱在汉普顿学院的求学生涯，因为这里学术卓越，氛围如家庭般温馨，老建筑庄严巍峨，校园三面环水，风景如画。在这里读书，不但可以有幸锤炼领导能力，还可能收获持续终生的友谊。本校历来以师资力量雄厚闻名于世。本校博物馆中关于非裔美国人艺术和文物的收藏浩如烟海，堪称全球最好的非裔美国人博物馆。汉普顿学院无疑是块瑰宝！

然而，这所学校也曾经透出衰败之色。严重缺乏维持学校体面运营的资金是困扰汉普顿学院的主要问题。1978—1979学年之前，在20世纪70年代的整整10年中，学校的财政有7年都是入不敷出的。曾经高达3600万美元的捐赠下降到2900万美元，因为学校用捐款来填补赤字支出。由于奖学金资金来源的萎缩，学生入学人数下降。学校部分教师士气低落，因为学生总体入学率不达标，他们就没有升职加薪的机会。福特基金会曾经有年度预算为1500万美元的计划，每年可为汉普顿提供70万美元的资助，这笔资助金在我开始担任校长的前一天到期。

烦心事儿还没完呢。美轮美奂的老建筑年久失修。破损的窗户没能及时更换，而连累其他窗户也受到损坏。有些地方，建筑物的油漆剥落，导致底板腐烂。显然，没有人想到更换底板比补漆更费钱。

因为这样那样的问题，有些人呼吁汉普顿学院改弦易辙，改为文化艺术中心或大专院校。甚至连创始人的孙子（时任校董会成员）也提议将汉普顿学院改造成顶级的大学预科学校，类似于新英格兰的那些学校。

内忧如此，外患同样严重。投入公立和私立高等教育机构的财政资源减少，传统黑人大学（Historically Black Colleges and Universities，HBCU）的生存空间受到威胁。现在，许多黑人学生可以选择就读过去拒收黑人学生的全白人学院和大学。因此，人们开始质疑传统黑人大学是否还有存在的必要。

这就是1978年7月1日当时年仅37岁的我接任汉普顿学院校长职务时面对的现实。诚然，我看到了汉普顿学院的诸多优势，我也同样清楚地意识到必须马上消除汉普顿学院的内忧外患。我觉得当时要做的不是小修小补，而是要确定宏伟的梦想，然后放手一搏。

　　我需要确定汉普顿学院未来的愿景，我们已经没有时间慢慢摸索，缺乏想象力的方案必须被摒弃。作为信仰者，我也需要神的指引。我恳请上帝让我头脑清醒，帮助我制订能够保住汉普顿学院未来地位的计划。我请求上帝赐予我勇气和智慧，让我可以做出对汉普顿学院最有利的决定。为了提高能力，我阅读了我能找到的关于愿景的所有资料，然后坐下来，确定了用于制订、改变和评估愿景的10步流程。这10个步骤是：

　　　　1.了解愿景的定义和概念

　　　　2.倾听周围的声音

　　　　3.寻找改进之法

　　　　4.确立愿景

　　　　5.制订行动方案

　　　　6.传播愿景和计划

　　　　7.选择恰当的带头人

　　　　8.关注并跟踪进度

　　　　9.提供必要的资源

　　　　10.取得成效

　　这些步骤让我极为受用。我愿意与所有认真学习领导力知识的学生分享我关于每个步骤的体验与心得。

了解愿景的定义和概念

历史上，人们曾用"愿景"这个词来形容很多东西，所以它有很多定义也不足为奇。这或许是因为形形色色的实体都拥有自己的愿景，包括机构、政党、宗教群体、军事团体、田径组织和个人。其次可能是因为，了解愿景的意义和价值的人们会根据自己的经验或研究结果来对愿景做出定义。

字典也对愿景做出了多种定义。《韦氏词典》对愿景的定义包括"在梦中、幻觉或出神时看到的东西""想象或想象力"和"可爱或动人的景象"。[2]《美国传统词典》也给出了若干有趣的定义，包括"异常的觉察或感知力：睿智的预见能力、看待或感受事物的方式"。[3]《贝克福音圣经神学辞典》（*Baker's Evangelical Dictionary of Biblical Theology*）称"愿景是《圣经》中经常出现的超自然启示的方式"。[4]

现代领导力和管理专家大多将愿景视为与未来相关的术语。沃伦·本尼斯（Warren Bennis）和琼·哥尔斯密（Joan Goldsmith）认为"愿景就是你可以实现的未来画像"。[5]在其著作《愿景领导》（*Visionary Leadership*）中，布尔特·纳努斯（Burt Nanus）将愿景视为"关于某个机构实际可行的、可信的、美好的未来"。[6]罗伯特·W.沃波尔（Robert W. Terry）相信"愿景评估当前趋势，为人们勾勒出可喜的未来，从而引导人类的行为"。[7]莱顿·福特（Leighton Ford）认为"愿景就像可以聚焦的放大镜，沟通现在与未来的桥

梁，指引我们的目标"。[8]畅销书作者丹尼尔·戈尔曼（Daniel Gole-
man）关于愿景的定义则面向未来，他声称："愿景领导者明白无
误地指出了团体前进的方向……"[9]

对于很多人来说，愿景这个概念源于精神力量。例如，摩西站
在山顶上，沉思着他的人民当前所处的可怕境地，同时又想象着他
们前方的更美好的未来。《圣经》是这样形容精神信仰的："信就是
所望之事的实底，是未见之事的确据。"[10]所罗门王断言："没有异
象，民就放肆"，这个智慧汲取自耶稣本身，他超越十字架的痛
苦，眺望永生。由此可见，耶稣体现了最深刻的愿景。[11]

对于其他人来说，愿景这个概念源于社会责任。圣雄甘地坚定
不移地相信自己的人民终将获得自由，印度最终将摆脱英国的统
治。马丁·路德·金怀抱着为非裔美国人的自由和平等而奋斗的理
想。同样地，哈里特·图伯曼（Harriett Tubman）帮助她的人民摆
脱奴隶制并获得自由。作为消除南非种族隔离制的和平推动者，纳
尔逊·曼德拉（Nelson Mandela）在近28年的监禁生涯中，从未放弃
过这个理想。比尔·盖茨（Bill Gates）和保罗·艾伦（Paul Allen）
预见到个人互动计算技术将成为未来潮流，因此彻底改变了人类的
技术和交流方式。

还有些人则是求诸于内，从内心中寻找信心、灵感和通往未来
的路线图。例如，人类历史上某些最伟大的公司其实就诞生于个体
的愿景之中。1981年12月6日，杰克·韦尔奇（Jack Welch）自担
任通用电气的董事长兼首席执行官以来，首次出现在华尔街分析师
面前。

在这次会面中，他向这些分析师们宣告通用电气的目标是成为"地球上最有竞争力的企业"。[12]为了实现这个目标，韦尔奇表示，通用电气的每个业务部门都必须达到全球数一数二的水平。他说的这些，不只是目标，还是要求。杰克·韦尔奇热烈地追求他的愿景，最终令通用电气跻身全球规模最大、最优秀的公司之列。

桑福德·魏尔（Sanford Weill）和他的学生杰米·戴蒙（Jamie Dimon）则求诸于内并获得成功，成为富有远见的企业家。1986年，两位金融家买下了某个小型财务公司，并以小型客户为目标来发展业务。专为小型客户服务的概念，在当时的主流银行业界看来无疑是离经叛道，后者主要为财大气粗的大型企业客户服务。据《华尔街日报》称，关注和吸引客户"现已成为大规模全行业整合的中心主题"。[13]魏尔和戴蒙接受了这个非凡的理念，建立了全美国最大的金融服务公司——花旗集团。

只要讨论有远见的企业巨头，就绕不开沃尔特·迪士尼（Walt Disney）这个名字，他是这群人中最大的梦想家。迪士尼认为梦想有多大，就能走多远。在比尔·卡波达戈利（Bill Capodagli）和琳恩·杰克逊（Lynn Jackson）合著的《迪士尼之路》（*The Disney Way*）中，他们写道，迪士尼的信条是"我树立梦想，用信仰来检验梦想，敢于承担风险，不断为我的愿景奋斗直至梦想成真"。[14]这个庞大的娱乐帝国是有声全彩卡通、全长动画片的开拓者，名下的超大型主题乐园带给老少游客无数欢乐，魅力持续3/4个世纪依然长盛不衰，而它竟然源于沃尔特·迪士尼的梦想和他从叔叔那里借的500美元。顺便说一句，如果这个叔叔用他的500美元购买了这家公司的股份，这笔投资今天大约价值100亿美元。

愿景没有肤色、信条、年龄或收入水平之分。约翰·H.约翰逊（John H. Johnson）属于美国历史上最成功的出版商，他用自己的经历证明了这个道理。他给自己树立了既简单又非凡的愿景。他创办了《乌木》(Ebony)杂志，是因为他相信"黑人需要树立正面形象以发挥自己的潜力"，"要想改变行为和习惯，必须先改变自己的形象"。[15]《乌木》这本杂志致力于帮助人们接纳自我并且增强人们对自身传统的自豪感。约翰逊接受了人应该树立正面形象的观念，创造了直到今天依然充满生机的成功帝国。

C. J. 沃克（C. J. Walker）女士（原名 Sarah Breedlove）生于1867年，她的父母以前是奴隶，后来在路易斯安那州当佃农。她7岁时成为孤儿，14岁结婚，20岁守寡，到1905年为止共做了18年的洗衣工。即使生活如此潦倒，她的心中依然怀抱着宏伟的愿景，这个愿景最后帮助了数万妇女，也让她成为百万富翁。沃克女士发明了治疗头皮疾病的软膏和面向非裔美国妇女的美发工艺，并在印第安纳州印第安纳波利斯创建了一家化妆品厂。她雇用了多达20000位的美容代理商，挨家挨户地推销她的产品。事实证明，这些营销和销售方法非常成功。这位了不起的女企业家对她的员工队伍有严格的仪容和着装要求，这为她的事业赢得了舆论界和民众的好感。她的很多创意依然被商界人士沿用至今。例如，她采用会所制，把代理商分配到不同的会所，鼓励他们在共同业务、社交、慈善和公民事务方面建立合作伙伴关系；定期组织为期3天的碰头会，要求各会所派出代表参会；为那些大力援助社区的会所颁发现金奖励。[16]沃克女士既有远见又有出色的创意,因而成为美国最成功的非裔美国女企业家。

除了这些名人之外,很多沉寂无名的普通人也在为自己的愿景而奋斗。这些人中有立志要摆脱贫穷桎梏的家庭、为提高社区生活质量而努力的志愿者、为攻克绝症而默默耕耘的科学家,还有努力确保"不让任何孩子掉队"的教育家和活动家们。

在研究过愿景的定义、起源和结果之后,我对这个词有了自己的定义。对我来说,愿景就是非凡的想法、梦想或创意,它产生的结果能够从整体上或部分地增强个人、团体、组织、地区或国家的实力。

注意,在我对愿景的定义中包含了梦想。我是个梦想家,因为梦想家不但思考当前的现实,还关心未来的可能性。我相信领导者应该为自身及其传承、其他人及其未来编织大胆的新梦想。在我们的梦想中,我们的社区、组织乃至世界应该会更加美好。现在,太多人士和行业都流于悲观。要敢于想象更美好的世界,然后为此而努力。

我相信,无论具体内容如何,所有的愿景都源于下述敏锐的认知,即在"现实"和"可能"之间的模糊空间内,蕴藏着无穷的可能性。能构建这种愿景的人就被称为梦想家,梦想家无疑热衷于未来。虽然他们可能从过去受到启发,但他们绝不会沉湎于其中;无论他们对现在的态度是褒还是贬,他们都绝不会满足于现状,他们只会因为想到未来的种种可能性而跃跃欲试。罗伯特·肯尼迪(Robert Kennedy)曾经精辟地总结了这类人的行事作风:"有些人只能看到当下的事物，并解释其原因；而'梦想家'则看到从未发生过的事物，并追问为何不试试。"[17]

倾听周围的声音

在用数个例子向读者详细解释过"愿景"这个概念之后，接下来我要介绍的就是"倾听"。

当校长的最初几个月，我向个人、团队咨询意见。我与个人及团队成员进行会晤。在学生处处长亚历山大·斯特朗（Alexander Strawn）的细心安排下，我会见了每栋宿舍楼的学生。这些会面令我受益匪浅！通过跟学生交流，我有幸了解到他们对各种问题的看法，包括他们对汉普顿学院的抱怨。我与他们分享我对科目设置、学生条例，以及建筑项目等的新构想，并且征求他们的意见。他们的想法和提议非常棒，因此我决定每个月都与学生领袖会面，继续商谈如何改造汉普顿学院。

举个例子来说，当我们准备修建127000平方英尺的学生中心时，学生们就在每月的领导会谈中规划好了要在新学生中心内开展的所有活动。除了学生领袖之外，我还邀请了校委会的所有成员出席这些会议。我希望负责监管汉普顿学院的行政管理人员列席会议，从而可以直接回答会上提出的问题。这种互动方式收效奇佳，以至40年后的今天，我们依然召开这些每月碰头会。为了倾听更多的意见，我邀请教员和工作人员参加午餐会。很多人根本不知道自己如何或为何受到邀请。现在我可以跟大家坦白，其实我也不知道原因，只是我不想单听行政和教工领导的片面之词，我不想只跟团队中最有话语权的人交谈。除了教授的意见之外，我还想听听讲师们的想法。我想听院系主任和每个学术带头人的声音。有些人受邀是因为他们在教员大会上发过言，有些人受邀是因为他们没发言。有些人受邀是因为我曾经和他们在 Holly Tree Inn（教员食堂）中聊过几句话。有些人受邀是因为他们写过有趣的文章或者我曾听说过他们的若干趣事。

这些会面也令我受益匪浅！我征询并倾听他们的想法，了解如何让汉普顿学院变得更好。我们讨论科目设置和教员的研究机会。我们讨论教员的招募和留任事宜。我们讨论说，我们需要并期望教员更积极地参与争取合同及补助。我们谈论学生和他们关心的若干问题。借助于这些会谈，我有幸询问他们对我的若干想法的意见。

我尤其想要听到汉普顿学院校友的意见。众所周知，他们素来都支持母校。除了给予经济资助以外，他们还通过行动支援母校，在正式场合代表汉普顿学院发声，在我们向企业界筹资时担任联络人员。总而言之，他们是汉普顿学院的亲善大使，他们是汉普顿学院历史、传统和传承的守护者。

我们的校友联盟组织得很好，但就像对待教员那样，我不想只跟其中的管理层和高层人员交流。他们很重要，但是我还想听到普通校友的意见。我尤其喜欢与年长的校友交流并征求他们的意见，因为年长的校友对问题的看法更全面、更务实。大部分人都会吐露肺腑之言，没有政治上的盘算。

他们并不介意跟我直言，建议我在具体情况下该怎么做。虽然我不可能全盘接受他们的意见，但我还是认真听取了他们的意见。有个校友告诉我："要小心某先生，因为他是披着羊皮的狼。虽然你给他发工资，但他不会为你或汉普顿学院着想。"还有个在经济上和其他方面都极为支持汉普顿学院的校友，建议我不要让汉普顿学院的形象变得太过高调。她说我和汉普顿学院行事太过高调，媒体界和其他地位显要的白人会因为我锋芒毕露而攻击我们。她说虽然反种族歧视已经取得了如今的成就，但很多南方白人依然不屑于见到强大、可靠、思想独立的黑人或黑人机构。她在会话结束时提醒我说，有些人，就是她视为被白人掸掇的逆来顺受的黑人，可能会攻击我和汉普顿。

我还记得有个担任理事的校友给我的意见，这个意见极其明智而隽永，以至我不能不提到她的名字。这个人就是弗莱美·基特雷尔（Flemmie Kitrell），她是著名的教育学家，当时已退休，是我在理事会中最热心的支持者。在我担任校长后的某个早上，她告诉我她想给我提些建议。每当她想要讨论重大事情时，她就会说："校长先生，我已经老了，可以畅所欲言，不必担心被恐吓或报复。"然后她继续说，"你年轻、高大、英俊、自信，在某些人眼中，你的任何优点都会成为他们的眼中钉。因此，肯定会有人诋毁你。但是，如果你想在汉普顿学院校长这个职位上取得成功，你应该始终坚持你的是非标准，做对汉普顿学院最有利的事，那些无关紧要的琐事就由它们去吧。对于某个特定个人或团体来说，这可能并非最佳选择，但如果它对汉普顿学院最有利，这样做就是对的。"

我从未忘记过基特雷尔博士的意见，在我任汉普顿大学校长期间，她的意见就是我精神上的灯塔。而且，在遇到危机、遭到非议时，她的智慧能引导我穿越动荡与风暴。基特雷尔博士已于1980年去世，但我从未忘记我们的交流给我带来的深深的快乐和启发。我非常怀念她！

寻找改进之法

思考本身是很奇妙的工具。但遗憾的是，会使用这个工具的人并不太多。很多人只会被动地应对甚至随波逐流。本尼斯和哥尔斯密认为，"思考能够帮助人们筹划将做和该做的事情。"[18]他们说，"如果就事论事而不假思索，这看似安全无害，但从长远看来，却是危险的、不具有建设性，因为这毫无方向可言。"[19]我教促认真学习领导力知识的学生和实践者养成思考的习惯，想想如何才能让自己或机构变得更好。我自己就是这样做的。

有些人可能认为自己无暇停下来思考，这不过是借口而已。我的很多思考都是在飞机和酒店客房中完成的。此外，我还经常在我们风景如画的校园中散步，特别喜欢在环绕校园三面的湖畔走走。水能够令人平静，激发创造力。因此，我在湖边散步，凝视着划过水面的船只，反省、思考。在我刚刚就任校长的那几个月，我用了很多时间凝神思考如何才能全方位地改善汉普顿学院的状况。

确立愿景

与教员、工作人员、学生、校友、理事、学生家长、州和联邦官员，以及3位前校长等讨论了汉普顿学院的优缺点以后，我看到汉普顿学院取得成功的潜力是无限的。我们需要有个愿景来激发大多数人的热情，并让他们愿意为之奋斗并发挥主人翁意识。

我知道，作为一名新校长，我的言行会被众人放在放大镜下审视。有些人会对我这样的年轻校长表示怀疑，很多人干脆袖手旁观，冷眼观看我将学院带向何方。如果不能赢得他们的支持，他们就会成为我的敌人。我需要绘制宏伟、大胆、可行并且周全的蓝图。因此，我为汉普顿学院树立的首个整体愿景就是，领导这所神圣而古老的学院转变成全国最好的普通规模的高校。

为了实现这个目标，必须将这个愿景转化成行动方案。愿景领导者和循规蹈矩的领导者之间最根本的区别在于，前者总是跃跃欲试，想要采取行动，而后者则安于现状。基督教指示教徒走出去，成为人群中的渔夫，说的就是成为前者。坐在河边空谈捕鱼的人，最后一条鱼也得不到。

因此，对于愿景领导者而言，行动这个词是关键词，这不是无组织、无计划的随便行动，而是明智负责的行动。这种行动的背后是异常明确的愿景，而执行者心志坚定、充满勇气，整个行动方案经过科学合理的规划，能够将愿景变为现实。现在，我必须制订这样的方案。

制订行动方案

在我的行动方案中，首要的任务就是制定策略以帮助汉普顿学院摆脱可怕的财务现状。我相信强大且可靠的经济基础可以改善所有问题。没有雄厚的财政实力，就没有资金聘请并且留住优秀的教职员工，无法为学生提供足够的奖学金，无法维持设备的保养与改善，无法鼓励创新，无法提供资源以吸引其他资源。

因此，我告诉负责校内事务的同事必须严格审查经营预算。我向他们解释预算由两类账目构成，分别是收入和支出，很多人之前还以为预算仅仅是支出。我们将双管齐下。为此，我们采取了新的管理措施来控制散漫的预算开支流程。我会在第5章"管理"中向大家介绍其中的若干做法。

与此同时，我们也出台了计划来解决收入问题。发展主任拉伦·克拉克（Laron Clark）和我掀起了风风火火的筹资运动，以提升汉普顿学院形象并且争取更多的大学运营资金。我认为，开展筹资活动时，应该制订协调得当、规划到位的联系和跟进计划。

我告诉克拉克先生，他和我每个月至少要安排出2周半的时间到校外活动，将汉普顿学院的筹资提案放到有望捐助我们的企业、基金会和个人面前。我们通常会在星期一上午赶到某个城市（如纽约），当天下午拜访3位捐赠者，然后在星期二、星期三和星期四拜访5~6位捐赠者，星期五上午再拜访2位捐赠者。星期五下午，我们会返回弗吉尼亚州。

我们的新企业支持计划的长期目标是创建1个利益共同体，这个共同体中有足够多的企业，他们的捐款将可以顶替在我担任校长前一天到期的70万美元基金赞助。我认为我们应该精心策划循序渐进的计划以创建企业联盟，从而协助汉普顿学院在3年内获10万~

30万美元的资金。这些企业曾向部分黑人学院提供过2000~5000美元的补助，但是我们志不在此，我们希望能够在3年内获得大笔资金注入，优质筹资方案与普通方案的区别就体现在这里。

按照这个多层捐助方案，一家企业将承诺向汉普顿学院提供15万~20万美元的捐助，3年内付清。然后，该企业将暂停对我们的援助。届时，该企业可能会将这笔六位数资助金提供给菲斯克大学或塔拉迪加学院。

我们将潜在捐赠人分成3类，根据学院与他们的关系确定对每类捐赠人的筹资目标。这3个类别是：

1.目前给汉普顿学院捐款的企业——目标：鼓励他们提高资助额。

2.从20世纪80年代早期至今再没向汉普顿学院捐款的企业——目标：重建利益共同体。

3.从未捐助过汉普顿学院但其关注点与汉普顿学院的能力和专长重合的公司——目标：形成利益共同体。

为了支持我们的战略，我们投入资金来进行筹资。我们增设了企业关系办事处，增加筹资人手。此外，我们还提高了差旅预算，购买了科技设备以提高筹资队伍的效率和成效。

我们还采取了其他措施，其中包括要求每名工作人员每月至少拜访20家公司，要求发展团队的成员每年筹到相当于其薪酬两倍半的捐款。每位学术负责人（当时没有设分院院长）必须将其所在单元的经营预算提高33%。必须增加支出预算的份额，明显令这些管理者对非理性支出更加敏感。

我们将1978年采用的策略沿用到今天。我会确定我们打算拜访的城市。克拉克先生会要求研究潜在捐赠者的工作人员提供关于企业、基金会或个人的信息，其中包括销售额、股票价格、员工人数、公司制造或销售的产品、管理团队成员、他们曾经就读过的学校、捐助模式、捐助额、最大资助额和平均资助额等信息。

这类信息至关重要，只有在掌握这些信息之后，我才能与公司代表交涉。我很少直接开口找他们要钱。我们会谈论公司的产品，聊聊销售情况、股票表现及行业状况等。如果发现约谈的管理人员或董事与我有共同点，例如曾经就读过同一所学校（哈佛），加入了同一个委员会（国家地理、房利美），我们就更有共同话题可聊了。大多数情况下，当我们最终开始讨论赞助汉普顿学院的话题时，双方的关系已经变得很融洽。然后，我会坦率和诚实地请求他们资助汉普顿学院。

在和公司代表交谈之前，我必须了解该公司的情况；同样重要的是，也要让该公司代表了解汉普顿学院。这个人需要知道汉普顿学院的优势和劣势、需求和需要、希望和愿望。最重要的是，他/她需要知道我们两家组织之间是利益共同体。我始终会尽量坦率地向他们介绍汉普顿学院，从来不回避问题、闪烁其词和玩花招。所以，在结束讨论之前，摆在我们面前的问题已经不是是否支持汉普顿学院，而是要资助多少钱了。

我担任校长的第一年，汉普顿学院得到的企业捐款增加了

53%。如此显著的增长要归功于克拉克先生、发展办公室和校长办公室成员们的进取精神和高超的合作能力。在此之后，企业支持额度逐年增长。

传播愿景和计划

制订行动方案并开始实施筹款战略后，我必须阐明统领全局的愿景及其实施计划。不管梦想家的想法、梦想或创意有多好，若要成功，则必须调动其他人的主人翁意识，必须让他们为其潜力而备受鼓舞。当"我"变成"我们"之时，大家会燃起追求目标、捍卫成果的热情。

我趁着1978年9月10日召开的开学典礼，正式宣布我将如何带领汉普顿学院冲进全国最优秀的普通规模的高校之列。那天我的演讲题目是"追求卓越"。[20]

在对优秀学生表示祝贺之后，我提醒在场的教员、学生、职员、校友和社区人士，汉普顿学院之所以成为全国知名的高校，是因为这所学校仍在回应每个时代出现的问题和挑战。我既希望听众了解本校面临的若干挑战，又希望他们知道汉普顿学院必须依托自己的创造力、历史底蕴、传统和文化，继往开来、积极创新。汉普顿学院始终是个特别的地方，我请求大家发挥自己的聪明才智，努力延续我们优秀的办学历史，把汉普顿学院建设成一所伟大的学校。为了发扬追求卓越的精神，并且维持高度的学术相关性，我提议本学院可以向几个方向发展。

第一，建立核心课程，向学生传授历史、文学和艺术基础知识，让他们对这些领域有所涉猎。我们不偏袒某种文化，核心课程涉及的文化部分的教学对所有文化一视同仁。通过学习核心课程，还能激发学生对伦理道德的思考。由于我坚信道德与学位同等重要，我希望汉普顿学院的学生不只是优秀的医生、律师、教授、工程师、护士，还希望他们能够成为优秀的道德领袖，具备社区服务意识。

第二，就像所有其他高等院校，商学系也是汉普顿学院增长最快的院系，因此我提议我们强化财务、会计和管理方面的教学，尤其是增招教员。强化教学或许能稳定人心，再加上增招教员，我觉得可以为我们开设MBA课程打下牢固的基础。

第三，我提议汉普顿学院建立高水平的科学工作和研究中心。具体来说，我认为成立海洋科学中心或许是个不错的选择，因为从事此领域工作的少数族裔人数过低，这已成为全国关注的问题。同时，由于我们的校园三面环水，我们可以利用这个绝好的地理条件在海洋渔业、绘图和制图、海洋科学技术、沿海环境研究、海洋学天气服务、鱼类加工和管理等专业培养少数族裔的学生。

此外，我还告诉观众，我想与美国航空航天局（NASA）及其兰利研究中心合作。因为当时科学和工程界的楷模极其缺乏，而汉普顿学院又是本市唯一一所名校，所以NASA及其兰利研究中心可能愿意投入大量资源和精力，为这些职业培养少数族裔的后备人才。我期望未来其他高校的教员和学生参加在我们的校园与研究中心举办的夏季研讨会及研究活动。

当我号召汉普顿学院的科学家担任NASA卫星和大气计划的领导工作时，这美好的前景似乎激发了每个人的想象，现场掌声四起，气氛非常热烈。我的具体想法是，创建解释并转化卫星天气数据的兴趣区域，这些数据可以造福于弗吉尼亚州、本地区乃至其他国家种植烟草和其他农作物的农民。

令我想不到的是，那天播下的种子，竟在大约20年后为我们孕育出为汉普顿学院带来1.4亿美元补助的大气科学计划。按照这个计划的要求，我们不但要解释卫星天气数据，还要负责建造、发射NASA卫星并且解释NASA卫星数据。这些计划和其他大气科学计划的发起人是汉普顿大学的杰出教员吉姆·麦考密克（Jim McCormick）和吉姆·罗素（Jim Russell），我将在第8章"创新"对这些计划做更全面地阐述。

在1978年9月的那个日子里，我还宣布了其他提案，包括开设为期四年的建筑技术学术课程、开辟持续教育板块和学术结构调整。在学术结构调整方面，我认为汉普顿学院应该以院代系，由院长而非系主任来处理行政领导事务。我请大家考虑成立艺术与科学、联合健康与护理、商业、教育、工程与应用科学、大众媒体及人文学院等学院的可行性。如果我们的研究计划经批准通过，科研中心实地落成之后，我认为我们就可以开始筹建研究生院了。

在指出这些新的发展方向之后，我提出了下列问题：我们能办到这些事情吗？我们想要做这些事情吗？我们有这么多钱来做这些事情吗？开设新课程是否意味着就要取消现有课程？提议的新计划是否符合我们的办学宗旨？我想将这些问题及汉普顿学院的教职员工和学生提出的问题公之于众。完成通报和分析之后，我会向理事会提出建议以展开后续讨论、分析并且做出决定。

选择恰当的带头人

很多美好的愿景诞生不久就不幸夭折，原因是没有合适的人来协助变革。我想找到这样的思想者：富有才华，头脑清醒，并且能够破除大学政治的官僚作风束缚。

在大约40年后的今天，我为那些积极为我的愿景奋斗并且帮助我实现这个愿景的同事感到非常自豪。有些人在我请求他们担任领导职位时表示怀疑我所拟定的方向，我也感谢他们。在加入我的队伍之前，他们无疑经过深思熟虑，保持着诚实且开明的态度。如果他们怀疑拟定行为是否对汉普顿学院有利，他们会坦诚地告诉我。

为了调查开设核心课程的可行性，我要求爱德华·科曼（Edward Kollmann）担任教学计划委员会的负责人。科曼是哈佛大学的哲学博士，在汉普顿学院工作了26年，是罗伊·哈德森（Roy Hudson）担任校长时期的学术院长。他以终身教授的身份回归教员队伍后，发挥了巨大的影响力。教学计划及其他任何涉及课程变动的计划，在提交给理事之前必须先经过全体教员批准。

我请教育资源中心主任詹姆斯·格里芬（James Griffin）带领大家研究强化商业学科和开设MBA课程的方案。截至1978年，格里芬博士已经在汉普顿学院工作了38年。作为汉普顿学院的研究生，格里芬博士在学术和行政管理两方面都颇有建树，是一位坚定可靠的领导者。

为了证明成立海洋科学中心的可行性，我委托罗伯特·邦纳（Robert Bonner）担任工作组负责人。邦纳博士拥有生物学博士学位，当时担任科学系主任，已在汉普顿学院工作了15年，深受科学系教员的拥戴。作为有多年领导经验的睿智领导者，他为本校做出了杰出的贡献。

我请求数学系系主任杰拉尔丁·达顿（Geraldine Darden）带领工作组研究是否可能扩大与NASA和兰利研究中心的合作。另外，我请新加入汉普顿学院的物理系教师狄米特律斯·维纳布尔（Demetrius Venable）处理Landsat卫星数据项目的开发事宜。

为了深入研究开设建筑技术课程和四年制工程学位课程的策略，我请求建筑系系主任约翰·斯潘塞（John Spencer）领导相关工作。斯潘塞先生是汉普顿学院的校友，他是一名进步思想家，曾主管过某个备受推崇的著名建筑计划。

还有个汉普顿学院毕业生向我提供了明智的意见并展示出杰出的领导才能，这个人就是玛丽·克里斯蒂安（Mary Christian）。我邀请她担任工作组组长，负责研究如何将我们当时的继续教育活动拓展为成熟的教育板块。当时，克里斯蒂安博士担任教育系系主任。她后来就职于弗吉尼亚州议会，表现非常杰出。5年之后，也就是1983年，我还请她担任工作组组长，以处理汉普顿学院更名为汉普顿大学的事宜。

我把探索学术结构调整的重要任务委派给了护理系系主任弗斯

坦·雷迪克（Fostine Riddick）。雷迪克女士具备领导者应有的各种素质。她既是注重成果的实干型行政管理人员，又是充满同情心和爱心的和蔼教员。

关注并跟踪进度

现在，各方面领导已经走马上任，工作组已经开始运转，接下来要做的就是关注并且推动各方面工作取得进展。为了完成这个任务，我的职责就是确保大家保持明确的方向感。我定期约见各个工作组组长讨论工作并了解最新情况，我必须让他们觉得我对他们所做的事情充满兴趣、热情和期待，愿意密切关注并且大力支持他们。我想用我的热情向大家证明，每个参与这个愿景建设的人员对于汉普顿学院的未来都非常重要。遇到任何障碍时，工作组都需要我的反馈和支持，这种支持或许是经济支持，或许是其他形式的支持。

提供必要的资源

我需要让教职员工知道我并不是光说不练，我会说到做到。我需要让他们知道资源分配不会成为阻碍他们成功的拦路虎。例如，有几个工作组的成员曾经问过我关于增招教员的问题。如果他们推荐扩充教员队伍，学校会提供支持吗？记住，我们想要开设新的商业、工程、建筑技术、继续教育和科学方面课程。此外，我们还想进行学术结构调整并且开设核心课程。

学校当时缺乏资金，教职员工提出这些问题是可以理解的。有些人持怀疑态度也是自然的。我告诉他们只要合情合理，我们就去做。此外，我向工作组成员和全校教职员工保证，我会马不停蹄地为已批准的项目筹集必要的资金。

取得成效

最初的学术能力建设行动计划显得大胆，涉及内容广泛，非常振奋人心。我要求相关人员进行这种棘手的自我分析并协力规划汉普顿学院的未来，他们展现出了非凡的领导力。工作组的这些领导者与其同事对汉普顿学院在未来25年里的发展方向产生了重要的影响。当我想到这些人，脑中浮现的字眼就是热情、负责、坚定、坚持不懈和追求结果。

他们的付出获得了什么收获呢？我们开设了核心课程。我们开设了MBA课程，商学院实力增强，商学院一度成为本校入学率最高的学院。我们将在3个军事基地开设的若干夜校课程整合成了在校继续教育办公室。这个部门不断扩展，现在已成了本校的学院。

其他工作组提出的建议顺利地得到教员和理事会的批准。肩负学术结构调整任务的工作组建议取消系，改建学院。虽然与我最初的提案略有不同，但是下列学院经推荐后审批通过：

文学艺术学院
商学院

教育学院

护理学院

纯科学和应用科学学院

当时，仍然通过了研究生系开设研究生专业，但研究生系后来变成了研究生院。我们开设了建筑施工技术专业，这个专业后来得到了全国认证，但因为入学率低，现在已经不再开课。

创建科学中心的方案经批准通过。这些动向为我们吸引到最多的关注，最终也为我们争取到了大量捐款。推动这些工作开展的主事人是邦纳博士，他后来被我任命为纯科学和应用科学学院院长。后来，汉普顿学院的资助研究项目显著增加，教员、学生和社区因此得到更多参与研究的机会，这无疑要感谢邦纳博士，他的领导能力、坚持精神，以及他对科学系的鼓动能力，为这些成就铺平了道路。海洋科学中心是首个获得国家海洋和大气局（NOAA）与国家科学基金会（NSF）资助的机构。

第二个优秀的中心涉及数学、物理科学和工程领域。在 NASA 和国家科学基金会的大力资助下，汉普顿学院开辟了光学物理学的专业研究领域。在邦纳博士、维纳布尔博士及其同事的努力下，汉普顿学院与研究型大学、联邦实验室，以及国防部、能源部和海军研究办公室建立了联系。我们得到这些机构数百万美元的大额资助，核物理学的学术实力显著增强，最终开设了物理学博士学位课程。

实施初期行动方案给我们带来的这许多定性和定量的成功表

明：只要确定愿景，促使其他人在愿景中发挥主人翁精神，并聚集志同道合的同事为美好目标而奋斗，我们就能实现目标。我清楚地看到，领导力和团队合作对于任何组织的成功都是无价之宝。

这些初步的成功也为全校注射了一针强心剂，对于我们未来的成就具有很大的影响。必须让大家相信，只要我们共同努力，我们就能够完成任何事情。作为校长，我必须身先士卒，以身作则，不辞辛劳，尽力筹款，鼓励士气，提供支持，倾注热情。幸运的是，所有这些对我来说都不陌生。我在生活中注意到，成功时常青睐那些特别用心、努力工作、参与团队合作并从服务他人中感到快乐的人。

无论是当时还是现在，我都享受每天上班的快乐。与教职员工、学生和校友交流是很开心的事情。筹款之旅令人兴奋。在最初几个月的筹资活动期间，我和克拉克先生访问了多个财富500强企业的首席执行官。对我来说，能够在这么多显要人士面前介绍和宣传汉普顿学院，实在是太棒了。

我首次正式参加的校友区域会举办于得克萨斯州的圣安东尼奥。这次会议令我非常难忘，原因有几个。首先，这是我担任校长后，首次与妻子诺尔玛共同出席的地区校友会。其次，会上大家对汉普顿学院和我们夫妇表现出了极大的热情与鼓励。即使我们当时已经向大家表示了感谢，但是出席1978年远东校友区域会的校友们或许并不完全清楚，他们带给了我们多大的鼓舞和快乐。

直到今天，我还记得当时在场的部分人士。年轻的中尉克劳德·凡（Claude Vann）是我见过的最热情的人，退休的中校德斯提·罗兹（Dusty Rhodes）给我留下了深刻的印象，而退休的中校哈罗德·弗格森（Harold Ferguson 和他的妻子伊丽莎白（Elizabeth）对我们无比热情和亲切。当然还有其他人，我想都不用想就能叫出他们的名字。

在汉普顿学院的工作，让我感受到了工作的快乐。这种快乐从最开始就与我相伴。通过与校友、学生、教职员工、学生家长、理事等人的交往，我感觉每个人都希望把汉普顿学院建设得更加美好。

1978年实施的措施取得了初步成果，从学校实力、校风、格局等方面，为汉普顿学院的发展与成长奠定了坚实的基础。我们清楚地看到并且证实，确定愿景非常重要，它具备改天换地的力量，并能收获可喜的成果。

约翰·C.麦斯威尔（John C. Maxwell）一针见血地指出："缺乏愿景的领导者注定毫无所成，充其量只能在原地打转。"[21]汉普顿学院拥有愿景，所以我们在不断前进。汉普顿学院当时处在充满刺激而迷人的历史岔路口，刚刚踏上注定不平凡的旅程。

第3章 工作伦理

为了获得前进的力量，我们必须拥有良好的工作伦理观念。若不付出辛勤劳动，愿景不过是空中楼阁。

成功，无论多么小的成功，如果不付出努力也不会凭空出现。任何人若想领导别人或某个组织，他们就不但要了解什么是辛勤工作，而且要身体力行。

我不在乎你有多聪明、有多大的愿景或者你多么勤于规划，如果没有正确的工作伦理，你就无法取得成就。工作是否勤奋是很明显的事情，你骗不了大家太久，看你取得的结果就知道了。此外，你还要知道你也无法欺骗自己。这个忠告让我想起了《镜中人》这首诗。

当你在追求财富的途中如愿以偿，世人尊你为王
请至镜前照见自己，聆听镜中人有何吩咐
父母也好，娇妻也罢，众人对你的判断必将消逝
主宰你命运的最重要的裁决者，莫过于镜中人

余人无须挂怀，唯此君值得取悦，毕竟黄泉为伴者

舍此其谁

若镜中人与你为友

最艰险的考验即已通过

你或许像杰克（Jack Horner）（编者注：英国著名
童谣中的主人公，自吹自擂的小孩）一样

拇指上能竖起一颗李子

继而认为自己天赋异禀

然镜中人却言，若你不敢直视他

你不过是个傻瓜

你可以欺蒙世界多年

赢得身后掌声无数

但你若对镜中人欺瞒失信

最终只能收获悲伤与泪水

——戴尔·温布罗（Dale Wimbrow）

我深信不疑，领导者要想成功，就必须揽镜自照，并且信守牢
固的工作伦理。领导者在开展领导工作时必须身先士卒，通过勤劳
和睿智发挥带头作用。此外，他们还需要积极并恰当地关心团队成
员的工作。对于那些知晓自己团队动向的执行主管、经理，以及行
政管理人员，我是非常有信心的，无论他们的团队规模大小如何。
我非常信任那些能够倾听并且接受可靠团队成员的意见的人员。

在我看来，工作就是运用体力或智力来完成某项任务。工作是

达到目的的手段，我们应将工作视为一种荣誉。我无法想象那些不懂工作乐趣的人。

工作于我，既是荣誉又是快乐，是我存在的理由。我享受并且忠于我的每份工作。使用"就业地点"这个词来代替"工作"或许更准确，因为当努力成为你的激情所在，这些努力就不再是工作了。有句流行的格言说："如果你真心喜欢你的劳作，那么你此生就从来不是在工作。"

我显然是彻头彻尾的美式工作伦理拥护者，辛勤工作在我眼中就是一种恩赐、特权和美德。辛勤工作能够塑造品德并且带给人无数的好处和成就，这个想法在我身上根深蒂固。

尽管我深知牢固的工作伦理观念带给我的好处，但是我也知道有些人对此不以为然。在我看来，人们不重视辛勤工作可能源于某些不当的理由，其中包括：缺乏体现良好工作伦理的楷模；缺乏自信；缺乏积极性（懒惰）；想要坐享其成；单纯地觉得工作不够酷。如果由于历史、文化的不同导致人们对于工作的信念、意见和想法存在差异，这个理由则相对情有可原。

人们对工作和工作伦理的认知在历史的长河中几经变迁。工作这个概念如今依然在变化，有时候会受到国内的宗教领袖、哲学家、执政党的影响。

在古希腊，人们不看重工作，将体力劳动视为神的诅咒。[1]希腊人重视自由，认为人们若为别人工作就丧失了履行公民义务的自由。希腊哲学家认为，工作不是统治阶级成员应该从事的事情。[2]亚里士多德、柏拉图等哲学家教导说：民众工作是为了让精英们能够追求文化、政治和智力上的成就。亚里士多德认为工作是"……浪费时间，会令公民更难以追求美德"。[3]

亚里士多德还认为，追求美德并参与艺术、哲学和治理活动比工作重要得多。[4]同样地，柏拉图认为工作断绝了人们"练习治国之术"的机会。[5]随着希腊文化的传播，其工作哲学被其他文化所接受。

罗马文化接受了希腊文化中大量关于工作哲学的内容。罗马领导人西塞罗认为工作"粗俗、不诚实、贬低罗马公民的尊严"。[6]希腊人将艺术、哲学和治理视为美德，罗马人则将战争和政治视为高贵的追求。罗马人不但将体力劳动视为卑下的行为，而且以同样的态度看待职业劳动者。在他们看来，贵族不适合从事医生、教师，以及其他脑力专业人士的工作。[7]幸运的是，随着罗马帝国的衰落，罗马和希腊的工作哲学也发生了改变。

公元400—1400年，基督教对欧洲文化的各个方面都产生了非常大的影响，包括工作。虽然基督徒也像之前的希腊人和罗马人那样，将工作视为一种惩罚，但是他们也认为工作能让人自给自足。

基督徒建立的社会结构是双层制的。其中，人们从事的工作决定了他们的地位。可想而知，僧侣和祭司所从事的属灵工作，被认为具有更崇高的使命，其次则分别是从事农业、工艺和商业活动的人士。中世纪的基督徒认为工作令人忙碌，所以无暇犯罪。在他们看来，人们由于神的呼召而从事某种工作。这个人应该谨守自己的阶级，只从事这项工作，最后子承父业。[8]这种中世纪哲学在文艺复兴时期开始发生变化，在宗教改革期间更是发生了重大变化。

宗教改革时期的宗教和政治动荡影响到生活的各个领域，包括工作的概念。这个时期的主要宗教人物马丁·路德并不认同中世纪时期建立的工作层级制。他认为僧侣的工作不比手工劳作更重要，都是神赋予凡人的工作。在《论巴比伦教会被俘》（*The Babylonian Captivity of the Church*）中，路德写道："僧侣和祭司的工作无论有多么神圣与艰巨，但在上帝的眼中，这与田野劳作之人和家庭主妇的工作并没有丝毫的不同。"[9]只有经商这个行业，路德不承认它属于工作。他认为人们的收入只要能够满足全家人的需要即可，人不应该积累财富。[10]路德关于财富积累的看法与法国神学家约翰·加尔文（John Calvin）的观点截然不同。

约翰·加尔文开辟了用基督教思想来理解工作的新思路。他认为人不应只为谋生而工作，还要为了给上帝增添荣耀而工作。在他看来，无论赚多少钱，都不能终止工作。基督徒通过工作在社区中获得尊重，同时也通过工作证明他们是上帝的选民。加尔文认为根据赚钱多少来选择职业并没有什么错误，但他认为应将这些收入用于再投资，而不仅仅用于生活。[11]宗教改革时期，路德和加尔文的思想被融合起来，形成了一套不同的工作理念。

这个概念在北欧迅速传播，成为新教或清教徒的工作伦理。这个术语最早出现于马克斯·韦伯在1904—1905年撰写的系列散文中，并被结集出版为《新教伦理与资本主义精神》（*The Protestant Ethic and the Spirit of Capitalism 1904 and 1905*）。如赫伯特·阿普尔鲍姆（Herbert Applebaum）所说，清教伦理的概念基础就是，要想获得救赎，就需要辛勤工作并且自律。清教徒把这个工作理念带到了美国，成为美式工作概念的基础。[12]

早期的美国人坚信，辛勤工作是获得上帝的恩宠并取得经济成功的手段。因此，他们"将在旷野中创建新世界，以此机会来证明自己的道德价值"。[13]除了勤奋工作之外，早期的美国人也要求自己诚信、自强和谦虚。[14]这些特征综合起来，就成为美式工作伦理的基础。

经常有人说随着时间的推移，美式工作伦理已经发生了变化。工业革命等重大历史事件和文化变革，如信息时代带来的文化变革，都对美式工作伦理造成了影响。很多人认为这些变化导致了很多美国人前所未有地轻视辛勤工作。虽然对有些人来说，辛勤工作可能并不重要，但我还是坚持美国早期新教徒所倡导并且践行的工作伦理。

我热爱我的家庭，也热爱汉普顿大学（编者注：汉普顿学院于1984年升格为汉普顿大学）。我曾经说过："担任汉普顿大学的校长对我而言不是工作，而是一种生活方式。"因此，多年工作给我带来了满满的回报。

拥有正确的工作伦理虽然重要，但还不足以确保成功。在我的职业生涯中，我曾经见过勤于工作的人们因为种种原因并没有取得多少成就。根据我的观察，我总结出了良好工作伦理的构成要素。我所谓的良好工作伦理，包含6个要素：

1.工作方法

2.了解使命

3.时间管理

4.任务本身

5.坚持到底

6.结果

工作方法

　　所有人都是我们所受的教育、培训及经历的产物。因为这些因素，我们可以学习、接受、拒绝、适应或改变我们的行为。我父母教导我说辛勤工作可以培养人的品德，引导人取得成就。他们认为将时间投入工作中是有意义、有价值并且有用的。

　　我的工作方法由我的父母培养而成，我早年的经历就表明了这点。当我9岁时，杂志上的一则广告吸引了我的注意力。我记得这本杂志名叫《男孩的生活》（*Boy's Life*），但我可能记得并不准确。这则广告推销的是8厘米×10厘米大小的墙贴，每套50张，上面写着《圣经》经文，非常漂亮。有意购买这些墙贴的人，可以以较低价格从公司拿货，然后以更高价格挨家挨户地售卖。我记得每张墙贴的买入价是0.5美元，卖出价是1美元。当然，我也可能记得不准确。如果所有墙贴都卖出去，每套就能赚到25美元。你能够想象，在1950年，25美元的收益对于年仅9岁的孩子意味着什么吗？

　　我爸爸同意我做这笔生意，答应以贷款的形式把买墙贴的钱预支给我。但是在我采取行动之前，他向我面授机宜，告诉我如何着装、必须双眼直视对方、需要强调哪些内容、需要掌握哪些关于《圣经》经文的知识等，总而言之，就是教我如何接触屋主。在重复了几次这些指示之后，爸爸让我走到门外，按门铃，然后开始实战演练。我走到门外，按响了门铃。爸爸打开门，说："你好，年轻人。我能为你做些什么？"我一手揣在兜里，另一只手上拿着几张纸，假装是墙贴。爸爸后来告诉我，当我开始兜售墙贴时，我扭动身体、嬉皮笑脸、目光游移不定。他当着我的面迅速关上了门。

我被他的反应弄懵了，所以我再次按下门铃。他打开门，重复了他的问候语。我问："你为什么当着我的面关上门？"他说："因为你在销售时显得不够用心。"

他再次跟我讲解应该如何跟客户接触。他说，我应该解释我销售的是什么东西，并告诉屋主为什么应该购买这个东西。然后，他告诫我在跟顾客说话时，不能嬉皮笑脸，扭来扭去。他传授的销售技法的要点在于：了解你要销售的东西；目光接触，突出购买这种物品对屋主有什么好处；要注意外表、身体举止、精神状态，言语中要展示信心、口齿清晰；还有最重要的是，银货两讫。我销售的墙贴，不接受信用卡付账或分期付款。

在上完这第二堂课之后，我再次走到门外，按下门铃，开始了我的推销。爸爸听完我的推销之后，说："我想你已经准备好了，我会借钱给你购买第一批墙贴。"

我从未忘记过爸爸给我上的这堂课，并且永远对此心存感激。顺便说一句，最后，我总共卖出了5套共250张墙贴。我造访了周边社区的每户人家，几乎每家人都买了1~2张墙贴。大约25年后，我访问了某个80多岁的女士，当我看到她家墙上挂着的、当年我卖给她的《圣经》经文墙贴时，我感到非常激动和自豪。

上面这个例子说明了做事的方法非常重要，类似的例子还有很多。无论你是装配线工人、大学院长或校长、企业首席执行官、医师、律师，还是任何其他专业人员，你的工作方法都至关重要。任何对工作有信任和感恩之心的人，都比他们的同僚、同事和竞争对手更厉害。1843年，托马斯·卡莱尔（Thomas Carlyle）说："所有诚实的工作都是神圣的。"[15]鲁德亚德·吉卜林（Rudyard Kipling）认为，应该：

> 抱着感恩的心寻找工作，
>
> 然后工作到新的召唤出现为止，
>
> 即使只是铺网保护草莓
>
> 或杀灭路边花坛中的蛞蝓；
>
> 当你的背不再疼痛，双手开始僵硬之时，
>
> 你会发现自己也是
>
> 沐浴着花园荣光的缔造者。[16]

了解使命

组织中的每个人都应该知道自己所在团队的使命，以及自己如何助力实现这个使命。人们可能想象不到，居然会有那么多高管、行政管理人员和经理不了解其组织的使命。其中，有些人不完全了解组织的宗旨，有些人则忽视了明确的目标和期望，还有些人则从未站在全局的高度审视整个组织。

我曾发现很多优秀的教师或院系负责人，在担任学院院长时却一败涂地。在面试中，有的候选人高谈阔论学术、筹款、招聘、鼓励和支持教员、学生福利等问题，但真正任职之后，似乎就完全把这些重要事情抛之脑后。无法避免的办公室琐事，耗尽了他们原本应该用于领导、引导、指导、监督和问责的精力。这些院长忘记了他们的使命。

接下来，我要再举个不完全理解组织使命的例子。这个故事的主角是某家营利性医疗保健有限责任公司的经理。在自我评估的使命描述部分，他只提到了患者治疗职能及其附带效益。这个回答并不完全正确，因为他没有明确他们的营利目标。他似乎没有明确认识到，增加收入、控制成本并赚取利润对于这家新成立的医院同样重要。如果不把营利作为需要优先考虑的问题，那么提供出色的护理、挽救生命、尽量减少人类的苦难无异于痴人说梦。

这位经理是个善良的人，有良好的价值观，总体工作伦理意识也不差，他只是没有完全理解营利对企业的重要性。在这种情况下，主管有责任引导和指导他，并和他共同努力，从而帮助他达到岗位对他的要求。良好的工作伦理是成功的必需要素，但并非唯一的决定因素。

时间管理

彼得·德鲁克（Peter Drucker）是管理界和领导界的标志性人物，他在著作《卓有成效的管理者》（*The Effective Executive*）中指出，成功的领导者"首先关注的不是他们的任务，而是他们的时间。他们首先会弄清自己实际上在如何支配时间"。他说，"做任何事情都需要时间，这是毋庸置疑的，所有工作都需要时间，都需要消耗时间。"[17]

我赞成这种认为时间管理比任务管理更重要的观点，但我认为自律和权衡轻重应该是时间管理的最重要因素。必须学会自律，以合理组织自己的时间。我主张首先制定短期、中期和长期的目标清单。我甚至认为应该制定日常目标。完成这些目标之后，接下来就是估算获得预期效果所需要的时间。估算个大致结果即可，因为大多数情况下，对时间的估算都无法做到精确。坚持练习一段时间后，你对时间的估算会更加准确。

确立目标并且估算出实现目标所需的时间之后，必须确定目标的优先顺序。我通过两个步骤来确定目标的轻重缓急。

第一步是对特定时期内（即长期、中期、短期或每日）的目标确定优先排序。因此，在制定某段时间的工作时间表时，我必须考虑面对面会议和电话会议、新举措、筹备、撰写和发表演讲、参加校内及校外活动，以及意外事件可能占用我的时间。在确定这些事情的轻重缓急时，请务必预留少部分时间以便你处理计划外的意外事件及常规性事务。要知道人算不如天算，意外不可避免。

第二步是指定自己的行程安排。领导者不能为迎合别人的安排而浪费掉自己的大部分时间。如果允许别人来决定你的日程，结果就是你几乎什么事情都做不成。大家都想占用领导者的时间，每个人都想接近你。这些人可能是你团队或各分支团体的成员，地方、州或国家级政治家，企业或你所在非营利性委员会的高管，可能是你的朋友、熟人、同事甚至公众。

这类邀请可能包括：预约演讲、出席活动、参加委员会会议、处理人事或个人问题等。请记住，这类邀请对于某个人或某个组织很重要，因为他们可能每周、每月、每季度甚至每年才受到一次邀请，而你一周就可能会收到10封、20封甚至更多这样的邀请函。

如果我接受所有发言、会议及活动邀请，我每周肯定会出现在世界上不同的地方；然而，这也意味着我会忽略我的主要领导责任。因此，我必须慎重对待这些邀请，在时间控制上保持自律。

无论采用什么方法来确定重要和必要任务，领导者必须做出决策。利用决策来消除分心因素，从而集中精力做好对本组织最有利的事情。这有点类似于高尔夫球手打球，他们每次击球时都必须集中精力，无论是开球、近距离切球和推杆进球，打每个球时都必须全神贯注。如果只关注其中某种打法，或许也能打出几杆好球，但是最终会得到很高的杆数，因为其他球的两杆或三杆打得不好。

决定了目标的轻重缓急并且安排好时间表之后，能否专注就变得至关重要。在《领导力21法则：如何培养领袖气质》（*The 21 Indispensable Qualities of a Leader*）中，约翰·C.麦斯威尔（John C. Maxwell）表示专注力使人更敏锐。为了形象地表明他的观点，他引用了某个佚名作者的话："如果你同时追逐两只兔子，那两只兔子都会逃掉。"[18]换句话说，就是每次集中精力做一件事，成功的机会就会更大。

我始终赞成任何时候都不要同时参与2~3个以上的大项目。即使要同时从事两三个大项目，也要分清主次。首先关注最重要的项目，直到它成功为止，然后再以同样的方法完成下个项目，接下来是第三个。太多的领导者会同时从事8～10个项目，并为同时完成它们而不得不分散精力。记住："如果你同时追逐两只兔子，那两只兔子都会逃掉。"

有些人试图以自己经手项目的数量，为自己缺乏效率寻找借口，他们声称这叫"多任务型"工作模式。约翰·C.麦斯威尔还说："领导者知道行动不等于就能取得成就。"[19]我的爸爸曾经说过，那些经常表示自己工作努力却一无所成的人，"就像熊那样，横冲直撞，但是毫无所获"。显然，拥有专注力、集中力并且能够权衡轻重缓急的领导者更值得钦佩。

任务本身

如果准备工作做得周全到位，那么任务本身可能会是工作伦理中最容易攻克的环节。要知道成功不会从天上掉下来，领导者必须确保做好相关的准备和训练工作。

为了取得成功，校长、院长或其他管理人员前往公司等实体开展筹款活动之前，必须完成若干必要的准备工作。我首先总是会研究企业的捐款意向，具体内容包括了解：该企业在生产什么产品，上个季度和去年的收益如何，首席执行官是谁，管理委员会有哪些成员，他们在哪里上的大学，他们的捐赠模式是怎样的，他们的资助金额是多少，最近几年他们捐赠了什么机构，汉普顿大学与这家公司有哪些共同利益。事实证明，有这些资料护航，汉普顿大学的筹款活动取得了极大的成功。

不去医学院学习、参加实习或者参加住院实习，内科医生就不能行医，即使在接受所有这些训练之后，妇产科医师也不能尝试给患者做胆囊手术。胆囊切除术应由接受过相关训练的外科医生来做，妇产科医生和外科医生都是医生，但是术业有专攻，他们负责治疗人体的不同部位。

为了获得奖牌，奥林匹克运动员必须经过多年训练和准备。为了保持竞技水平，他们的身体必须变成精密的机器，有时甚至必须承受非人的痛苦。身体上的训练和压力是显而易见的，精神上的压力可能没这么容易觉察到。在2012年奥运会上，有报道称某个运动员的训练计划非常艰苦，以至于6年没有见过他的儿子。为参加奥运会所做的准备给这个运动员及其家人带来的精神压力可想而知。然而，他牺牲所有这些东西只是为了参加奥运会，而这可能也是他平生唯一一次在奥运会上亮相。

科比·布莱恩特（Kobe Bryant）和迈克尔·乔丹（Michael Jordan）是美国篮球协会历史上最伟大的篮球运动员。即使如此才华横溢，他们也被称为最刻苦的篮球运动员。佩顿·曼宁（Peyton Manning）也是如此。尽管取得了许多成功，但曼宁依然比美国橄榄球联盟的大多数，或许可能是其他全部球员更努力、更擅长钻研技术、更积极进取。

准备是获得成功的关键。当同事及其他人问我为什么在发表演讲时不紧张，我就是这样回答他们的。好的演讲，必须言之有物并引人入胜。为了达到这种舒适度，在大多数情况下，演讲者必须研究演讲主题、知晓主办方给自己安排了多长时间并且了解观众。当所有这些需要准备的事情都准备就绪时，就没有必要紧张了。

准备周全之后，就可以开始执行任务了。无论你执行什么任务，都要为你所做的事感到自豪。人如果对自己所做的事情感到自豪，就已经占有优势了。如果你是园丁，那就每次将草坪修剪得空前美观；如果你要制作小部件，那就确保它们是最好的小部件；如果你是企业的首席执行官，那就确保你的产品始终具备最优质量；如果你是学校教师或大学教授，那就确保学生学完课程之后，至少达到了该门课程对学生最低能力的要求；如果你是大学校长，那就确保学校的主要办学宗旨是促进学习。

马丁·路德·金于1967年10月26日在宾夕法尼亚州费城的巴勒特初中（Barratt Junior High School）演讲时这样谈到自豪、准备和表现：

　　如果你会成为清道夫，那么清扫街道时就要像米开朗基罗画画那样，像贝多芬谱写音乐那样，像李奥汀（Leontyne Pric）演讲时在大都会歌剧院唱歌那样，像莎士比亚写诗那样，要把街道清扫得无比干净，让天上地下的所有人都不得不说：这里住着个伟大的清道夫，他扫地扫得非常好。如果你不能成为山顶上的松树，就做山谷里的灌木吧，成为山坡上最好的小灌木吧。[20]

《哥林多前书》第9章24节有云："你们岂不知众人都在赛场上奔跑，但只有一人能得奖吗？你们也当这样跑，好叫你们得到奖赏。"[21]这句话翻译过来就是说要勤勉努力，以便你和你的团队、单位、机构和组织通过实现既定目标而获胜。

做好你的本职工作，充满热情地去努力，明白辛勤工作能够培养品德并且帮助你取得成就。

坚持到底

坚持到底与负责是同义词。就算别人不承担责任，领导者也必须对他们的单位、团队成员、行动、成功和失败负责。换句话说，领导人必须明白负责任的重要性。对你可以控制的事物和事情负责，对你无法控制的事物和事情和盘托出。事情出错时，相信我，这种情况在所难免，不要诅咒黑暗，点起蜡烛吧。

让我举例说明。作为全国大学体育协会（NCAA）Ⅰ分部及其执行委员会的成员，我与上两届NCAA会长及其他会员始终旗帜鲜明地倡导提高学生运动员的标准。学生上大学只是为了参加体育运动的想法已经过时了。在NCAA考评团队的学术成绩时，其中有个指标是学术进步率（APR），该指标使用四年期间采集的数据。NCAA规定的APR最低分数为930分，按照这个标准，所有学生运动员中至少有50%的人可以毕业。NCAA希望所有运动员最终能在五年内毕业。

2013年，由汉普顿大学赞助的18支运动队中，足球队的分数低于 APR 的及格分数（930 分），我们因此受到惩罚，并被剥夺了参加联赛冠军赛的资格。

这个信息公布后，媒体人士打电话给我，几乎幸灾乐祸地问我这是不是真的。他们还问我，既然我倡导提高运动员标准，在看到汉普顿大学自身的队伍竟然没有达标之后，我作何感想？我说，首先，虽然我们的足球队的 ARP 分数没有达标，但我坚持提高标准的立场并没有动摇。其次，我表示我们的足球队会迅速地达标。最后，我们不是单纯地期待达标，而是正在采取措施确保达标。我们采取的具体行动包括：我们制订了强化版的成绩提升计划，增配人手，增加技术含量，硬性要求教练员向队员强调学习成绩的重要性。

我们了解情况，确保包括体育管理人员、教练员、学术提高人员和学生在内的所有人都意识到改革的必要性。此外，我们增加资源，并游说 NCAA 为所有资源有限的学校提供更多的过渡期资金。我们把所有问题摊开来解决。最终的结果是，汉普顿大学足球队的分数在一年内全线达标。顺便说一下，2015—2016 学年期间，汉普顿大学在整个联赛中遥遥领先，足球队的 APR 达到了 956 分。

负责与坚持不懈对伟大的领导者而言并不陌生。通用电气前任董事长兼首席执行官杰克·韦尔奇坚持不懈地跟进大小事务。罗伯特·斯莱特（Robert Slater）在其著作《杰克·韦尔奇和通用电气之道》（*Jack Welch and the GE Way*）中说，韦尔奇狂热地追求连贯性。韦尔奇固执地认为所有东西都必须检查，除了完成自己的分内工作之外，他还要检查工厂计划、培训计划并确保公司的价值观传播到全组织的每个角落。[22]换句话说，"严苛的连贯性就是凡事坚持到底的意思"。[23]我经常对同事们引用罗纳德·里根总统的一句名言，那就是我们应该"信任但求证"。坚持到底是高等教育机构取得成功的关键手段。那些召集会议、设定目标但从来不跟进目标实现情况的行政管理人员没有什么用处；反之，那些喜欢主动出击、做事周到细致并且负责任的领导者却大有价值。顺便说一下，我也不会任用那些花三四个小时来开会的人，因为无法在一个小时的会议中完成的任务或许根本就不需要完成。

结果

结果是我们工作的主要目标，是我的工作伦理观念的构成要素，也是哈维领导力模型的最后一个原则。关注结果有助于确认和明确目标、过程、所需技能、资源分配和方法。

我始终主张组织中每个人都要制定绩效目标。上上下下的部门都必须确立特定期限内要达到的绩效目标。各部门负责人、管理人员和行政人员的目标可以以年、半年、季度或其他时间期限为单位，教授则应设定每个学期要达到的目标。在汉普顿大学，每位教授必须为他们教授的每门课程确定最低能力目标，虽然有的学生可能会学到更多的知识，但是每个学生从学习每门课程的当天开始就知道，这门课程必须达到最低学习目标。

目标应该是可量化的，原因有几个：第一，可以迫使人们关注其部门或单位的目标；第二，为个人和主管提供了工具，以便考核和评估与个人和专业目标相关的绩效及进度；第三，可以通过量化目标明确地阐述期望，让所有相关人员能够共同努力，以实现期望的目标。

我发现帕累托原理是个有趣的概念。这个原理用80/20（二八原则）概念界定每个事物的重要性。这个理论就是，对于大多数事情而言，20%的工作决定或影响80%的结果。这个理论的创始人是管理顾问，名叫约瑟夫·M.胡安（Joseph M. Juan）。他将这个理论命名为帕累托原理，以纪念意大利经济学家维尔弗雷多·帕累托（Vilfredo Pareto），因为帕累托曾报告称："……1906年，意大利80%的土地由20%的人口所有。"[24]帕累托对其他国家的分析也得出了类似的结果。除了调查土地分配之外，他还对其他大小事务进行了调查。多年的研究发现这种结论经常出现，对很多情形都适用。

约翰·C.麦斯威尔认同这个原理，并认为："……每个机构中20%的人员缔造了该公司80%的成功。"麦斯威尔依据该理论做出的其他推断如下：

时间：20%的时间产生了80%的结果。

咨询：20%的人占用了我们80%的时间。

产品：20%的产品带来了80%的利润。

阅读：20%的书籍包含了80%的内容。

工作：20%的工作给了我们80%的满足感。

捐款：20%的人捐献了80%的款额。

领导力：20%的人做出了80%的决定。[25]

套用帕累托原理来审视我们自己的组织或者我们熟悉的组织，肯定能让我们受益匪浅。想想，你所在办公室中工作成绩最出色的人占办公室总人数的百分之几？你家孩子所在运动队80%的成绩是占全队人数百分之几的队员贡献的？反之亦然，在你的组织里，80%的问题是否来自20%的成员？80%的投诉是否来自生产率最低的那20%的员工？在任何商业、专业或社会场合中，最负面的人士是否占总人数的80%或20%？

帕累托原理已经扩展到许多其他领域，很多商界、管理界和经济界人士都是这个原理的坚定提倡者。这显然值得注意。

正是因为人们追求并信守牢固的工作伦理——尽管这个工作伦理并非完美无瑕——才成就了这个国家的伟大！在父母的教导下，我相信辛勤工作的重要性和价值，遗憾的是，有些人则相信他们有权享受。他们出于某些原因相信，有些人或有些机构就是亏欠了他们，所以理当对他们负责。对我来说，这种态度对个人、组织乃至整个国家都是有害的。

勤勉的工作态度缔造了美国，它让世界艳羡美国，让数百万其他国家的公民想要移民美国。对我个人而言，强大的工作伦理带给了我巨大的成功，所以我将它列为哈维领导力模型的重要原则。

第4章 组建团队

良好的工作伦理对于成功是不可或缺的，同样，还必须坚信集体的力量胜过个人单打独斗。因此，有效地利用团队成员的才能、精力、行动力和经验是领导者必须具备的重要能力。

机构的成功取决于维持其日常运营的员工团队有多成功。3个臭皮匠，赛过诸葛亮。集体的培训、经验、智慧和工作成效十之八九也比个人高得多。卓越的人士若能彼此亲密合作，取得的成就会超过单个卓越人士。团队的组建或发展，离不开信任。领导者必须相信并信任团队成员，团队成员也必须相信并且信任他们的领导者，团队成员之间也是如此。他们必须信任和信赖对方，否则就无法发挥团队的最大效率及力量。我认为，尽管同事之间会说说笑笑，共同喝酒或吃饭，但除非他们能够相互信任，否则就不是真正的团队。

对我来说，信任是你与他人进行积极的个人或职业交往的基础。信任始于诚实。如果同事或朋友没有跟你说实话、没有向你全盘托出所有真相，那么这个人就不能信任。领导者必须能够依靠并且相信他的同事，确信自己完全相信的人在任何时候都能展露出坦率、诚实、正直的品德。有意隐瞒部分事实与说谎同罪。任何不能坦诚真相或对有些事情瞒而不报的人，都不能100%地依靠或信任。无论他们在其他方面拥有多少优点，都不能成为真正的团队成员，因为真正的团队成员必须在任何时间和场合都能靠得住。要依靠他们，必须始终信任他们。

缺乏信任的团队不是真正的团队。长期以来，经验告诉我，我们可以失去信任，也可以重获信任。如果失信于别人，就要说出真相，坦白错误、道歉，总结经验教训并且努力不要再犯同样的错误，然后，犯错之人可以继续前进。真正的领导者能够接受道歉，并允许道歉者加入或继续留在领导团队中。

同样重要的是，领导也必须能够得到同事的信任。信任是一条双行道。我发现培养信任还能带来额外回报，如果直接下属认为你值得信赖，那么他们也会努力让他们的直接下属信任他们。我的同事小吉尔伯特·E.席勒（Gilbert E. Schill, Jr.）律师以诗的形式与我分享了他对信任的若干看法。

没有它，你将毫无所成

它无法被触碰，但可以被感知

它无法被购买，但可以被挣得

你可以保存它，将它放入银行，用它赚钱

你也可以花掉它，但如果你这样做，它就彻底没了

你无法拿它做交易，但你可以借助它的力量做交易

就像收藏币，它的价值随着年龄而增长

若不小心或疏忽大意，它就会永远离你而去

信任是我们对同事和朋友的期望

没有信任，我们将内外交困进退不利

信任不但有助于事业

而且也有益于我们的健康

　　说得真好，席勒律师。我非常同意你的观点！我仍然相信，任何人际关系，无论是工作关系还是私人关系，最重要的组成要素就是信任。即使在私人关系中，没有信任，就不会有爱；在工作关系中，缺乏信任就像得了癌症，它会破坏个人或整个组织的细胞，毁坏其根基。

　　除了信任之外，我还希望我的团队成员具备其他品德，包括重名誉、忠诚、思维清晰、思想开明、诚实、正直、积极性、毅力和敢于提问。

　　重名誉，比如说言出必行，其实是任何其他人都夺不走的品质。人可能会失去钱、健康、工作、丈夫、妻子、男朋友、女朋友或其他财产，但除了他们自己之外，没有人可以剥夺他们言出必行的品质。不能言出必行的人，不足以托付任何事情。成功的团队需要遇到任何问题、挑战或困难都依然靠得住的人，只有这样的团队成员才永远不会让你失望。记住，任何东西都可以被夺走，除了你的承诺。

必须对共事的伙伴表示忠诚，并且关心他们。我曾经为遇到困难的夫妇提供忠告，发现教师或工作人员生病时建议他们去看医生，或者让体力透支的同事带薪休假。有位行政管理人员在买车时请我帮她参谋，因为她说她相信我的财务判断力。当同事的家人逝世时，我会写信、送花或者打电话慰问他们，我也会参加同事亲人的守灵会和葬礼以表明我对他们的关心。

对于个人和组织而言，忠诚是一种美德。领导者应忠诚于下属，而下属亦应忠诚于领导者及其机构。我知道有些领导者自掏腰包以提高教师的工资、捐助学生奖学金并提高低薪雇员的最低工资。我还知道，有些领导者在国家要求大幅提高保费之后增加了其机构的健康保险配套资金。这些都是忠实于同事、员工和学生的实例。

成员也应对领导者及其雇主机构表现出忠诚。或许他们表现忠诚的最好办法就是勤勉、努力并且做出成绩来，还要好好地与同事合作。不要做"怨毒之人"，说同事、主管或组织的坏话。要远离"八卦"。我知道有些人不断散播关于其工作单位的负面言论，他们让我觉得，既然工作单位如此糟糕，他们为何还要继续在那里做事呢？这类人可能存在某种本性或心理上的缺陷，才会这样搬弄是非，唯恐天下不乱。

那些没有及时提前通知就辞职的人也是不忠诚的，他们应该知道，这种做法损害了他们所任职的机构，导致雇主不得不手忙脚乱地找人填补空缺职位。有新的工作机会出现时，真正的专业人员会通知他们的主管，他们不但会将这件事告知相关人员，而且会寻求关于面试及其他方面的建议。离职姿态得体对他们本人来说也有好处，例如，假若他们想要再回原单位工作，原单位也愿意对他们敞开大门。

忠诚并不意味着团队成员必须同意团队的所有观点和做法。讨论政策、程序、处境的时候，我完全不介意汉普顿大学行政管理团队的成员对我的观点提出异议。我希望行政管理部门的同事能够直截了当地说出他们的看法。虚伪和谎言是不能接受的。此外，很多时候，最终决定并不代表整个团队的观点，这意味着团队成员必须放下自己的看法，尊重并且执行这个决定。忠诚的团队成员不会在其他人面前公开讨论自己的团队或团队成员，也不允许其他人当面贬损自己的团队或团队成员。他们同心同德，表明他们支持自己的组织和团队。领导者也应该采取这种态度。作为校长，我对我的团队成员也表现出同样的忠诚，没有人可以挑拨我与他们的关系。

思维清晰属于优秀团队成员的最优秀素质。团队成员每天都要面对各种疑难问题，必须能够做出有效的、科学的、客观的、不受个人关系影响的决定。团队成员必须能够消化大量的信息并破译这些信息，不可被这些信息吞没。为了确保信息得到最有效的利用，他们必须对信息进行分类、分析和优先排序。要完成这些任务，必须有清晰的思维能力。思维不够清晰的人可能会被信息淹没，晕头转向，需要他们在短时间内对信息做出回应或采取行动时尤其如此。这种思维上的混乱可能导致他们做出有损于组织的错误决定。

除了思维清晰之外，团队成员必须具有开明的思想。开明的人能够倾听并且从不同角度来评价各种意见、观点和情形。具备这个素质非常重要。通常，完成任务的方法不止一个，因此，如果团队成员陈述自己的想法时，其他团队成员愿意倾听并且考虑这些想法，大家就能够做出最有效的团队决策，以便解决手头的任务。如果团队成员的思想不开明，他们就无法或不愿意突破自己原有的眼界和框框，进而扼杀了团体和组织的进步。因此，选择思想开明的团队成员至关重要。

诚信是诚实、道德行为规范和良好品德的同义词。这些个人价值观是打造能干、团结且富有成效的团队的基石。我在第1章"引言"中谈到我的母亲重视诚实的品德，我认为诚实是将所有这些其他个人价值观结合起来的黏合剂。我希望身边的人在任何情况下都愿意并且能够说实话，无论真相有多糟糕或丑陋。诚实的人不会编造信息以文过饰非，掩饰丢脸或尴尬的事情，或试图沽名钓誉。相反，他们对自己的行为负责，会老实地承认错误，不会百般辩解，寻找借口或将错误归咎于他人。

如果团队成员不诚实或者说话半遮半掩，整个团队都会受到影响，因为团队做决策时依据的信息是不准确的。如果得到准确的信息，团队可能就会做出不同的决定。最后的结果是，不诚实的团队成员会导致团队做出不当的行为和决定，进而对组织产生不利影响。这些人应该被逐出团队。

正直也意味着做正确的事，因为这是应该做的事。因此，我希望团队成员乐于做正确的事，而不是做最受欢迎或最方便的事情。具备正直的品德才能够力排众议。具备正直的品德才能够在做决策时不受人际关系的影响或寻求他人的认可。如果人们在做决策时不坚守正义，他们也不可能做出对团队最有利的决策。

在F. A.曼斯克（F. A. Manske）撰写的《有效领导秘诀，成功的实践指南》（*Secrets of Effective Leadership, a Practical Guide to Success*）这本书中，第二章的标题就是"卓越领导者践行最高的诚实和正直标准"。这本书讨论了我在同事和熟人身上发现的重大问题，因此它深受我的喜爱。有些人只会根据自己有限的经验、信念和交往经历来理解别人的言行。其实，如果他们按照更高的标准来倾听并且不断进步，他们在专业和为人处世方面都会有更大的成长。我曾亲耳听到有人说："我的家人或朋友都不会对我说这些。"或许他们的家人或朋友都不具备试图教导他们的人所具备的价值观、品德、正直或标准。

曼斯克的这本书于1987年出版，该书的第二章尤其经典，里面摘录了很多隽永的名人名言。书中引用了J.黑尼斯（J. Hanes）的名言："美名失去难复得。丧失美德之后，生命就永远丢失了它最具魅力的珍宝。"[1]亚历山大·蒲柏（Alexander Pope）说："诚实的人是上帝最崇高的作品。"[2]还有句话则揭露了社会中某些人的虚伪："谈论正直和诚实是一回事，落实到行动中则是另一回事。"[3]除此之外，F. A.曼斯克还给出了其他重要的建议：

正直是领导者需要秉持的原则，领导者应当在日常工作中切实地践行这一原则。

1.言出必行。如果你对你的下属、同事或上级做出了某种保证，请兑现你的承诺。

2.不要把上级或同事私下告诉你的事情透露给别人。

3.犯错后，勇于承担责任。每个成功的高管都会犯错，糟糕的是大多数人不肯认错。不要害怕承认："我出错了。"

4.不要让自己卷入虚假或谎言中。如果你的员工发现你歪曲事实、对他们说谎或掩盖问题，你将立即失去信誉，而重新赢得信任并不容易。

5.如果来自公司内外的礼品或酬金妨碍你维护雇主的最佳利益，那就不要接受它们。[4]

托马斯·杰斐逊总统这样评价撒谎的行为："允许自己说谎的

人往往会发现只要说过一次谎，第二次、第三次说谎就更容易了，直到撒谎变成习惯为止；当说谎变成下意识的行为之时，说真话时也不会有人相信了。这种虚言假意会导致心灵的堕落，最终令人丧失所有良善的品性。"⁵

　　大学或任何大型机构都有很多工作要做。单个人精力有限，无法事无巨细地指示每个人怎样做才能维持大学的正常运行，所以团队成员必须具备积极性。他们必须愿意并且能够完成指示之外的工作。如果问题发生在自己的职权范围内，他们必须主动处理此事。这并不是说他们不应该与主管或其他团队成员协商某些事情，而是说，总体而言，他们必须知道如何及何时迎头而上。此外，如果他们看到有任务需要完成，他们应该主动完成该任务，不必等待指示。积极主动的团队成员能够预测到动态并且采取行动，从而积极地推动整个团队前进，不需要通过开会做出每个决策。

　　许多时候，在大学中推进信息、想法、概念、项目和计划需要相当长的时间，由于必须遵循众多指导方针和程序，所以事情难以立刻得到解决，很多人可能会为此感到沮丧，然而，团队成员不能这样。团队成员必须知晓、理解并且重视大学的流程和程序，并且持续推动项目直至完成为止。

毅力是所有伟大领袖都具备的美德。伟大的领导者在追求正义事业时不畏艰难险阻。在第9章"勇气"中，我提到了圣雄甘地、马丁·路德·金、哈里特·图伯曼、比尔·盖茨、C. J.沃克女士、约翰·H.约翰逊、沃尔特·迪士尼，以及为实现自己的目标而坚定不移的其他人。这些人凭借不懈的努力取得了伟大的成就！

沃伦·本尼斯和伯特·南切（Burt Nance）在其著作《领导者——统驭之道》（Leaders—The Strategies for Taking Charge）中提到，麦当劳快餐公司的愿景领导者雷·柯罗克（Ray Kroc）将卡尔文·柯立芝总统的名言刻在其全国总部的墙上。这些关于毅力的文字令柯罗克深受启发，他认为麦当劳总部的每个执行高管每天都应该看到这些文字：

> 世界上没有什么可以代替毅力：
>
> 才华不能，才华出众但毫无所成的人随处可见；
>
> 天赋不能，天赋被埋没几乎是常态；
>
> 教育不能，世界上到处都是受过教育的流浪汉。
>
> 毅力和决心才无所不能。[6]

我希望那些学习和发挥领导能力的人能够明白，即便沿途遇到阻碍，即使人们出于好心或恶意而阻挠你，即使难以达到预期效果，只要有毅力，你也能坚持把任务执行到底。如果坚信自己在做正确的事情，领导者就必须持之以恒，忠实而坚定地把这件事情推进到底。

有毅力就是要求团队成员坚持完成任务或项目，无论遇到什么挑战、困难或障碍，都不能退缩。当事情无法按计划进行时，我们必须学会忍耐。必须把我们发起的项目执行下去，不要等待别人来帮忙。领导者必须激励自己的团队，确保每个人都能完成手头任务。坚持不懈的团队成员才是团队成功的功臣，因为他们没有被障碍击垮，而是找到了方法并且坚持到了最后。

之所以说提问是美德，原因有几个。第一，通过提问必定可以获得对决策和执行任务有用的信息。第二，提问有助于厘清提问者和回答者的思绪。第三，爱提问的心态和习惯有助于开发智力。

我平生喜欢提问，提过很多专业和个人方面的问题。从别人的回答中，我不仅获得了更多的信息，还可以了解对方的深度和可信度。如果对方回答问题时是态度坦率、诚实并直截了当的，那么我们的后续交流就是积极的；反之，如果对方的反应显得虚伪、过分情绪化且遮遮掩掩，那么后续交流就会变得很消极。顺便说一下，我知道自己提出的很多问题的答案，所以我鼓励我的同事永远不要对我撒谎。

领导力权威约翰·C.麦斯威尔在他的《好领导提出好问题》（*Good Leaders Ask Great Questions*）一书中明确表示："如果你想获得成功并发挥出你的领导潜力，你需要将提问当作你的生活方式。"[7]他对提问的艺术和价值提供了如下看法：

如果你想要答案，你必须提问。

提问能帮你打开大门，否则大门将始终紧闭。

成功的领导者总是不停地提问……

与人交往的最有效方法就是提问。

提问令人谦逊。[8]

麦斯威尔关于"提问令人谦逊"的论断发人深省，并再次向我证明了他是多么不同凡响的领导者和老师。例如，他说："当我开始诚实待己，承认我是有缺点的平凡人，并且向上帝求助时，我就开始改变了。我变得更加开明和真诚，愿意承认自己的错误和弱点，我变得谦逊起来，开始改变和成长。"他沉思道，"……奇怪的是，我们不得不放下对正确的执念才能找到正确的东西，谦逊使我们变得真实、脆弱、值得信赖并且与他人亲近。向他人敞开心扉以后，他人也会向你敞开心扉。"[9]

请注意，选择合适的团队成员本身并不能保证团队取得成功，知人善用也是团队成功的关键要素。有些团队成员思维清晰、思想开明，同时兼具诚实、忠诚、正直、积极主动、坚韧不拔和善于提问等优秀品质，但如果不能让他们发挥其长处，他们就不会有所建树。在我的团队中，各个成员在自己的岗位上都表现得非常出色，因为我知道他们的优势，并且据此为他们安排了合适的岗位。他们是否还有需要改进之处？

当然有。但是，这些有待改进之处并不妨碍他们履行职责，因为他们的优势能够确保其履行大部分职责。

对于由卓越个人组建而成的团队，必须让每个团队成员受到挑战和鼓励。否则，他们就无法发挥自己最大的潜能，我们的大学也无法走向顶峰。我给团队成员分配任务时，有些任务他们有信心完成，有些任务他们可能从未尝试过。我知道他们有能力完成任务，即使有时他们可能缺乏信心。但是，当他们竭力完成任务后，他们的信心会增加，专业技能也会得到提高。

当团队成员受到挑战，需要迈上新的台阶时，他们也需要支持。需要让他们知道，有些人愿意为他们提供成功所需的工具。不能让团队成员觉得自己孤立无援，要让他们知道团队成员之间始终互帮互助。每个团队成员都应该愿意为有需要的其他成员提供意见、援助和帮助。我们要主动为需要帮助的团队成员提供支持，不要等到对方求助时才伸出援手。

可信、忠诚、思维清晰、思想开明、正直、积极主动、坚韧不拔并且善于提问，是我在选择核心管理团队成员时注重的几个个人特质。多年以来，这些团队的奉献精神、专业才能和踏实工作令我本人和汉普顿大学受益匪浅。有鉴于此，我想向大家详细介绍我们当前的团队成员及其职责。

校长参事，原校长行政助理，负责联络各级行政管理人员、教员和学生。夏利塔·丹利（Charrita Danley）博士担任此职。她属于与我共事过的最优秀的校长参事。校长参事要与大学的所有团队合作，确保校长关于大学的愿景得到落实。丹利博士负责监督当前项目、措施和活动（包括所有官方仪式）的计划与管理工作，确保它们得到有效的执行与落实。此外，丹利博士还担任大学内外委员会、工作组和理事会的主事人，代表校长出席各种会议和活动，并编写不同类型的通讯稿。

校监兼教务长是本大学的二号人物，是教务方面的首要负责人。该职位由乔安·海斯伯特（JoAnn Haysbert）博士担任，负责监督大学各学院、分科学院、系、其他学术单位、技术、教员科研及经费筹措工作。她是非常可靠、敬业且经验丰富的同事，在各方面的表现都很出色。她的行政管理经历包括担任汉普顿大学的院长、教务长，担任汉普顿大学代理校长一学年，担任俄克拉荷马州朗斯顿大学校长6年。从客观角度分析，她属于美国最优秀的高校管理人员。

校监兼教务长开展教育政策方面的工作，负责定夺学生教学事务。担任这个职位的人要培养教员，实施有效的长期规划，定期审查计划，并且挽留热爱教学、研究和服务的杰出教员，以此确保学校保持出色的教学水平，开展具有开创性的研究，从而营造充满创造力并有后备支援的环境。校监兼教务长还要确保支持学术课程的技术和资源全部到位。此外，校监兼教务长负责监督教职员工的任期和晋升程序与标准，聘请优秀教员并执行终身教职后评估。

高级副校长负责管理招生办、财政援助与奖学金、学籍、信息技术、媒体制作、计算机中心、体育竞技、市场营销、政府关系、大学关系。保罗·哈里斯（Paul Harris）律师担任此职。哈里斯律师拥有丰富的领导经验，在汉普顿大学读书时曾担任学生管理协会（SGA）会长，并担任过预备役军官训练团课程（Army ROTC program）的学员司令官；作为一名美军军官，他后来入选弗吉尼亚众议院，代表第58区，托马斯·杰斐逊曾经担任此公职。他的训练经历、知识、经验、工作伦理、判断力和秉性让他成为我们团队的宝贵成员。哈里斯律师曾是美国司法部的高级官员，也曾在数家财富500强公司担任高级法律职位。在加入我们团队之前，他曾担任某家全球品质生活公司的副总裁兼副法律总顾问。他也是汉普顿大学理事会成员。

商务副校长兼司库负责规划、组织、指导和控制大学的财务与经营活动、经营管理，校园及实物财产的常规费用，从而发挥领导作用，以保障实体设施充分恰当并制订未来的扩张计划。多萝西娅·斯贝尔斯（Doretha Spells）女士非常值得信任，她显示出卓越的财务专业能力。理事会和我何其幸运地拥有像她这样正直而高尚的成员来管理本校的财务。商务副校长兼司库不仅要充当本大学与社区之间的财务和商务联络人，还要领导相关团队落实有效的安保计划以保护学生、教职员工、访客和财产的安全。

副校长兼总法律顾问是本大学的首席法务官。法耶·哈代·卢卡斯（Faye Hardy Lucas）律师自2004年以来一直担任此职位。卢卡斯律师具备优秀的法律素养，负责向校长、理事会、行政管理人员及本校的其他所有学系及学部提供法律咨询和顾问服务，属于我最信任的盟友。当学校需要额外的法律专家意见和代表时，总法律顾问还要负责挑选并管理外部顾问。总法律顾问的直接下属包括总法律顾问律师助理和《教育法》第9条修正案协调员。此外，总法律顾问还担任理事会秘书，负责与公众和立法机关的联络工作。卢卡斯律师也代表本大学处理知识产权与商业化事宜。

米歇尔·潘-马歇尔（Michelle Penn-Marshall）博士担任科研事务副校长兼研究生院院长。她与华盛顿办公室合作，为学校寻找资助机会。她组建了提案撰写组，根据教员的教育经历、专业知识和兴趣撰写申请拨款的提案。她负责监督研究生院、运营分析与研究、肤色研究所、癌症研究中心、赞助计划、政府关系、拨款管理、大学牧师和内部审计等职能团队，并向其提供行政支持。作为研究生院院长，她监督研究生委员会的工作，致力于推动研究生教育在所有研究领域、跨学科交流，以及创新发现方面取得的进步。

行政事务副校长芭芭拉·英曼（Barbara Inman）博士是我们团队中最年轻的成员，表现出极佳的工作伦理。她负责监管学生活动、新生学习、入学前/暑期衔接课程、教育人才搜索、学生支援服务、宿舍生活、司法事务和住房办公室、保健中心、学生辅导中心、职业中心、评估中心、测试和残疾人服务、非学术规划，并向其提供行政支持。她的主要任务是通过开展活动，促进并维持汉普顿大学的独特性，促使各方尊重和认同校园多元文化背景，调查与学生福祉和人生选择相关的当代问题。在2014年12月至2016年10月期间，我委托她领导本大学的2020年战略规划工作。

发展事务副校长爱莉丝·拉梅（Iris Ramey）女士领导汉普顿大学的筹款和发展团队。她对筹款和组织工作的深刻理解将为本校带来巨大的收益。她通过各种活动和事件来支持本校的学术课程、年度基金、奖学金计划、特别项目和资本项目、捐赠活动，从而促进公众对本校的了解与认可。该职位还要负责促进相关公众（如各界友好人士、捐助者、公司和基金会）对本校的认可并推动合作，与这些成员团体建立感情，以便获得私人资助。

发展事务协理副校长拉隆·克拉克（Laron Clark）先生负责通过具有创意的高质量交流，促进国内外主要公众对汉普顿大学独特品牌的了解程度。该职务通过提供支持和发挥专业能力与领导能力，增进本校与战略伙伴之间的合作关系，促进双方的合作风险项目；制订计划和福利措施以深化校友关系；鼓励终身支持，通过举办特别活动让支持者和各界友人融入汉普顿大学的生活。克拉克先生经验丰富，多年来负责许多筹款活动并取得了圆满成功。

实际上，我所取得的全部成就都是团队合作的结晶。因此，为了确保实现汉普顿大学的愿景，作为汉普顿大学管理团队的领导者，我必须认真甄选执行团队的成员。无论是过去还是现在的执行团队，我都非常重视和认可，不会禁锢人才的发展。如果其他机构或组织有行政管理职位空缺，向我的同事抛出了橄榄枝，无论我的同事想要谋求职业发展，追求更高薪酬，还是单纯地希望换个工作环境，只要他们愿意接受，我都会鼓励他们抓住机会。到目前为止，在我任职期间担任汉普顿大学行政管理工作的团队成员中，已经有17位成为其他学院、大学或机构的首席执行官。毫无疑问，在这17人当中，有15人是在我的积极帮助下才当上了首席执行官。在第11章"结果"中，我会列出他们的名字，以及他们现在或曾经领导过的机构。

　　没有他们，汉普顿大学不可能如此成功。同样地，没有目前的团队成员，汉普顿也不可能如此成功。没有他们和这种团队战略，汉普顿大学将举步维艰。依靠他们和这种团队战略，汉普顿大学将续写辉煌。

第5章　管理

管理人员负责监督、协调和确保机构的高效运转。作为推动者，管理人员帮助人们更有效地运用其技能和知识以达到预期成效。任何胸怀大志的领导者都应当理解和认同良性管理对于业务成功所具备的重要作用。高效且务实的管理是卓越领导力的必要条件。

领导和管理是不同的，但如果要让组织取得成效，两者都非常重要和必要，而且有相似之处。想到领导能力时，浮现在我脑海中的是影响、指导、梦想、转变和成功等词语；而想到管理时，则是结构、秩序、效率和成就等词语。虽然在有些情况下，这些词语可以互换，管理者和领导者的职责也可以互换。但是基本上，我认为领导者是梦想家和变革者，而管理者则为愿景提供秩序、稳定和成功。

举例来说明两者之间的区别。具有创业精神的领导者可能会向城市或州的管理机构提议建立一家为大型计算机制造商生产键盘的制造厂。这个企业家这样做的理由可能是想生产更好的产品，获得利润，创造就业机会；计算机制造商赞成建厂的原因可能是可以获得更高质量的键盘并且增加利润。

在计算机制造商认可该拟议项目之后，这位企业家有责任获得必要的财务投资，确定购买必要组件的承诺，购置资产，与相关的管理机构成员会谈。这些机构可能包括城市区划委员会、规划委员会和市议会等。领导者在此类会谈中阐述新项目的愿景，包括新项目的作用和范围、预期聘用人数、厂房相关信息、新企业带来的税额、对环境和生活质量的影响等。

工厂建成投产后，管理就变成重中之重。管理团队必须协调各种活动，以确保工厂能达到预期目标。这意味着雇用员工，规划工厂活动，分配必要的资金，订购设备，确定生产计划和交互系统。所有这些工作都属于结构和秩序的范畴。富有远见的领导者对于创建工厂至关重要，而要确保其稳定和成功，管理职能则不可或缺。

以下类比可以更深入地阐释我对于领导和管理之间的区别与价值的看法：领导者设计列车，但是管理者负责确保列车按时运行；领导者是导向灯，管理者确保其电池电量充足；领导者梦想飞往火星，但管理者则确保助推火箭和航天器处于最佳状态。

从高校院长的义务和职责中也可以看出领导和管理的区别。院长既是领导者又是管理者。作为领导者，院长需要确立愿景，为激动人心的新举措制定战略；需要发挥影响力，鼓励、推动和设立新系别；鼓励开设有利于学生在前沿领域找到工作的新课程，如大数据分析、游戏、编码和网络安全等。充满挑战性的新筹款计划和研究项目也为院长提供了真正发挥领导力的机会。

然而，院长的首要身份是管理者。院长必须与系主任合作，直接参与招生、终身聘任、晋升、认证、聘用和解雇教员、筹款、教学成果质量保证方面的管理工作。以招生为例。每个学期，招生人数都会影响教学单位的运作。招生率决定了许多事情，如要开设的课程、授课教师人数（影响预算）、授课教室数量等。院长必须确保入学人数充足，才能维持教员编制，进而有效地开展上述管理工作。如果入学人数增加，则必须聘请更多的教授，分配更多的教室；反之，如果入学人数下降，则需要减少教员人数。此外，院长应该明白，教员必须加强教学工作。如果院长发现一两门课程对学生不具吸引力，就必须对这些课程进行评估，以确定是否有必要继续开课。有些时候，如果招生人数持续下降，则可能需要裁减教员。认真履行管理责任的优秀院长知晓学校的动向，能够根据现实情况进行规划。

在履行管理者职责时，院长还要管理该学院教职员工的终身聘任和晋升事宜。这项工作对于维持其所在大学的可持续性和生存能力至关重要。他们必须确保被推荐终身聘用或晋升的教员此前具备良好的教学成果和研究水平，能够成功获得经费，并且对本机构有明确的承诺。由此可见，他们也是学科、系和学院标准的"守门员"和"捍卫者"。遗憾的是，部分院长不认真履行考核职责，凡是教职员工提出的要求他们通通接受，从不考虑这些要求是否合理。

此外，努力让学院获得并保留学科机构或区域认证机构的认证资格也是院长的重要管理责任。院长必须规划、组织和指导其所在学院的工作，以便符合既定的认证标准要求，这需要全面了解学生的学习情况、学位的授予情况，以及学院的师资水平。

如今的高等教育界比过去任何时候都更需要优秀的管理者。在过去的讽刺漫画中，教授被刻画成邋遢、随性、漫不经心的形象，被从教学岗位上短期借调来处理行政事务。如今，高效的高校行政人员绝不可能再发生这种情况。相反，高效的行政人员可能是经理、学者、预算师、计算机专家、战略规划师、拨款管理人员等，而且校方还会根据自己的要求，对所有这些职责风险进行分析和管理。

优秀的管理者在履行职责时应尽可能多地使用管理工具。我们在汉普顿大学从事管理工作时发现了很多相当有用的管理工具，其中包括3阶段协调规划方案、关键绩效指标（KPI）、基于能力的定量学习、保守预算编制、季度预算拨款、继任计划、行政理事会周会和年度行政务虚会。

从"规划"二字在本书中出现的频率可以看出，我显然认为规划流程是一项重要的管理工具。规划是任何组织取得成功的基础。古谚有云："如果你不知道你要去向何处，那么你就只能随波逐流。"

汉普顿大学的正式规划方案包括3个组成部分，即战略规划、长期规划和年度规划。目前的战略规划以未来5年为期，确立了汉普顿大学在2020年之前要达到的目标。战略规划被证明是非常有效的管理工具，因为它要求组织评估现状，设想未来目标，确定为实现目标必须采取的行动。要让战略规划具备可行性，它必须能够支持该组织的宗旨。

任何大专院校的宗旨都应该倡导知识和学问。因此，汉普顿大学的战略规划流程涉及大学事务的方方面面，因为这些都会影响我们的总体目标和使命。制订这种计划可以为领导者提供管理蓝图以作为决策工具。

目前，这个流程由行政事务副校长芭芭拉·英曼牵头，共有约100名教职员工、学生、校友和理事参与其中。为了协助他们开展工作，在征求了联席主席米歇尔·潘·马歇尔、校监兼教务长乔安·海斯伯特的意见之后，我任命了1个指导委员会和6个工作组来实施这个棘手的自我分析工作，并要求他们对推荐意见设定最严格的标准。这6个工作组分别是学术课程工作组、财务工作组、学生团体工作组、设施工作组、行政效率和效能工作组、制度文化与价值观工作组。

我将以学术课程工作组和学生团体工作组为例，阐述我对这些工作组的期望。

学术课程工作组最初由卡珊德拉·赫林（Cassandra Herring）领导，后来由琳达·马隆-科龙（Linda Malone-Colon）接手。这个工作组的责任是确定学术课程等是否始终契合本校使命。我希望工作组回答以下问题：每个系都有满意的招生额？教员是否教满学生学期课时（编者注：Student Semester Hour Units，SSHU）？教员是否在相关教学和研究领域确实具备知识与学问？教职员工是否参与了争取经费拨款的活动？此外，在完成这些分析工作之后，我要求工作组对各系和课程做出评价，将其分成3个等级：优秀、良好和需要有针对性地逐步淘汰。

此外，我要求该工作组发表意见，谈谈是否应该扩大汉普顿大学的继续教育单位在培养劳动力方面的工作，即增加证书课程、副学士学位和短期课程。我希望这个工作组可以根据他们的分析和意见，为其制订多个标准。

由于学术课程是我们大学的核心工作，我希望学术课程工作组在工作时不仅要认真尽责，而且要全面透彻。举个例子，我进一步要求他们关注有助于学生未来就业的重要领域，如网络安全、能源相关领域、全方位STEM教育、电子游戏和应用程序开发等。

仿佛这些任务还不够繁重似的，我对学术课程工作组的组长还有其他交代。具体来说，我希望他们审查每个教学单位或系的现有师生比例并在必要时提供调整建议；建议各系博士学位获得率的目标，提供关于扩大汉普顿大学学生留学计划的蓝图。

由安吉拉·博伊德（Angela Boyd）领导的学生团体工作组的主要任务，包括检查与学生在校食宿相关的生活现状、学生治理、体育运动、乐队、学术和社交组织/社团、学生广播和出版物、咨询、职业安置和学生保健中心。另外，该工作组要负责分析学生活动、经济援助、注册和商务办公室向学生提供的服务并在必要时就如何改进这些服务提供详细建议。该工作组还要研究主校区和弗吉尼亚海滩校区每个学期的学业完成情况、毕业流程和注册流程。

我希望该工作组还能集中力量重新发扬汉普顿大学的某些宝贵传统和价值观。换句话说，我认为我们有必要发扬优良传统。对此，我也希望我们继续重视阿姆斯特朗将军确立的价值观。具体来说，他强调凡事精益求精并且重视品德建设。1868年8月，他说："我希望我创建的学校凡事追求卓越。"[1]此后，他于1887年对学生讲话时开宗明义地指出："我要与大家谈谈行为和品德，还要谈谈两者之间的关系，以及在生活中如何兼具高尚的品德和行为。"他继续说，"行为源于品德，善良的行为源于善良的品德，邪恶的行为源于邪恶的品德，欺骗的行为源于狡诈的品德。欺骗行为可以骗人一时，但是骗不过上帝。行为源于品德，正如树是从根部长出来的。"[2]

阿姆斯特朗将军在建校之时对于品德和行为的重视在今天依然适用。安吉拉·博伊德院长理解我给她的指示，建议汉普顿大学"教导、提倡以本校创始人的愿景原则为基础的标准和品德价值观"。她和英曼博士清楚地认识到，我想鼓励教职员工、行政管理人员认可汉普顿大学的价值观，巩固我们的文化，并且重新重视品德建设。此外，他们还意识到，必须让教员和行政管理人员在大学社区发挥榜样示范作用，并且在其个人和职业生涯中展示出专业精神、坚定的价值观和卓越的美德。阿姆斯特朗将军当时就开展了类似的团队建设，发挥榜样示范作用的人员包括来自康涅狄格州纽黑文的丽贝卡·T.培根（Rebecca T. Bacon），时任女校长兼首席运营官（COO）；来自费城的非正式建筑师弗朗西斯·理查森（Francis

Richardson），他"……有披荆斩棘、铺平道路之功，管理学校的农场和业务，担任农业课教师"[3]；还有来自纽约并组建女子工业系的简·斯图亚特·伍尔西（Jane Stuart Woolsey）。最终，博伊德院长、英曼博士在此问题上与我达成共识，我们都希望让汉普顿大学恢复昔日荣光。换言之，我们希望汉普顿大学以高标准、高道德、高品位而闻名于世。

汉普顿大学规划方案的第二个组成部分是长期规划。执行长期规划的委员会是全校规划团队中不可或缺的组成部分，他们负责审查拟议的课程修订。这些修订包括新科目、新课程、对科目名称或描述的修订、对学科具体要求的修订、为达到认证要求而必须做出的修订。对课程或科目的修订提案必须阐明拟议学位课程或科目的预期学习成果和可量化能力目标。课程修订提案在得到长期规划委员会批准后，将被移交给教学计划委员会，最后转交全体教员审批。长期规划委员会的成员包括校监兼教务长乔安·海斯伯特（担任委员会会长）、本科各学院和学部的院长、图书馆馆长、教务处助理教务长兼暑期课程班主任、商务副校长兼司库、行政事务副校长。只有这些职位的现任者才有资格加入长期规划委员会。

规划流程的第三个组成部分是年度规划。科研事务副校长兼研究生院院长米歇尔·潘-马歇尔负责协调学术单位的年度规划。行政事务副校长芭芭拉·英曼负责协调非学术年度计划，杰纳斯·约翰逊（Janue Johnson）协调大学学院的年度规划流程，包括在线学习计划。汉普顿大学的年度规划覆盖每个学院、分科学院、单元、学科组和系，这些单位要在学年开始时明确阐释它们在本学期或学年期间预期实现的可量化目标。这些目标必须是可测量的。

校监兼教务长海斯伯特博士主持年初举办的系列战略学术领导力培训（编者注：Strategic Academic Leadership Training，SALT）研讨会，以确保所有有关人员都知道如何撰写可量化和可测量的目标。对于参与其中的行政管理人员和那些正在学习行政管理培训课程的学生而言，知道如何撰写可测量目标是非常重要的。根据我的经验，许多初衷良好的教师和管理人员之所以工作效果不佳，只不过是因为他们不懂如何撰写可测量的目标。常言道，凡是可以测量的东西都可以管理。年度规划流程的第二项责任是监督关键绩效指标，这也属于我们的管理工具。

关键绩效指标（编者注：Key Performance Indicators，KPI）是用来测量绩效和目标实现进度的量化指标，管理人员可通过它来评估所在单位的预期目标，下面我将举几个例子说明。

第一个例子是招生办公室可能会使用的招生指标，这个指标用于确保新生数量和质量达到目标。这些可测量的招生指标可能包括收到的申请数量、录取的学生人数、提前支付定金的学生人数、入学人数、学生高中阶段的平均学分、SAT/ACT考试成绩，以及高中班级排名等。

第二个例子涉及各个学院制定的目标。假设战略规划要求商学院在5年内得到针对10名特聘教授的资助金，这个目标的关键绩效指标可能包括识别可能支持该计划的基金会或个人，确定筹措资金的行政管理人员和教员，是否能在规定时间内为10名特聘教授争取到资助。

第三个例子是学校希望在两年内让研究资金增加2500万美元，其主要绩效指标可能包括识别能够帮助实现此目标的公共和私人资助者，从联邦机构和私人机构获得的合同与拨款数量，基于教员工作成果发布的专利数量，当然还包括两年内实际收到的研究经费。

关键绩效指标还有其他很多非常积极的作用。例如，对于机构中的员工来说，KPI 的存在可能会令他们产生很强的动力。企业界和专业管理普遍认为（或许有别于教育界），设定可实现的目标并且利用切实可实现的指标（或 KPI）可以产生激励作用。设定、量化和实现目标以后，这能够给成功完成任务的人带来强烈的个人满足感。记住，凡是可以被测量的东西，都可以被管理。

我相信大多数人都希望有所成就。如果能够取得成就，他们就会对自己和自己效力的机构充满信心。对于任何组织来说，改善量化绩效显然是有益的，使用可跟踪量化的关键绩效指标是实现这个目标的良好办法。

季度预算分配是我担任校长后最早使用的管理工具。

在1979年1月19日写给当时的财务事务主任卢修斯·怀亚特（Lucius Wyatt）的信中，我深表失望。因为我收到建议说，由于有些系在第一个学期就用完了资金，后面半个财政年度的经费已经毫无着落，我们不得不调整1978—1979学年的年度预算。此外，我表示应该制定监督体系，这个体系不但可以在某笔预算快要用完之时通知我们，而且可以暂停拨款，直至预算平衡为止。

为了避免再出现这种情况，我在信中还建议，我们可以考虑对所有预算账目实施"季度预算分配"。季度分配用于支付差旅、设备、设备维修、日常用品和其他开销。每年7月、10月、次年的1月和3月的月初之日，每个预算执行人员将收到季度预算分配。鉴于有些系可能会有异常支出，如生物系在学年开始时需要采购显微镜等，我表示可以设立"例外开销委员会"来评估这些支出。

即使首先应关注收入，管理者也不可放下警惕，因为有些人倾向于夸大预测结果。例如，在大学中，许多教员和行政管理人员会提供期望数据而非真实数据。另一所大学的新任校长最近告诉我，提交给她的费用预算是按照4600人的在校学生人数编制的，但实际上这家学校在校生仅3600人，这意味着这所大学从刚开始就出现了漏洞。

保守的预算编制也有助于汉普顿大学数十年以来在学术、研究、田径和其他活动中脱颖而出。保守的预算编制是什么意思呢？

许多机构在编制预算时，除了支出外，几乎不考虑任何账项。汉普顿大学并不是这样，因为我们先看收入。

在汉普顿大学，我们编制预算时，会有意将在校生的估测人数减少800~1000人。我们采用这个策略主要出于两个原因。首先，事实证明预测在校生人数的历史数据有时并不准确，所以预算中的收入并不是根据从教员和招生人员那里得到的招生信息编制出来的。

其次，预算外的招生收入和其他节省金额可以用于支持某些非常急需的重要项目。汉普顿大学不像公立高校那样可以得到国家或联邦支持，因此，在需要用钱的时候，如更换屋顶，翻新宿舍、教室或建筑物，维修校园内道路，购买校车，应急或报销其他任何意外开支，我们必须动用预算外的资金。在我担任校长的近40年时间里，我们用年度收入扣除年度支出后的余额来满足这些需求。

年度预算经理事会批准后，就会立刻采取控制措施。为了达到控制的目的，我们会采取以下措施：

· 如上所述，除了薪金和设备支出之外，所有运营项目的预算均按季度分配。各系每个季度可以领取预算配额，如果本季度没有支出，则本季度的预算累积到下个季度。

· 购买所有商品和服务都需要申请。任何人未经申请不得擅自购买任何东西。日常用品的采购期限为5月1日，以便在本财政年度内及时处理。

·设备采购截止日为每（财）年12月31日。

·校长和商务副校长是本校仅有的两名合同管理人员，除了他们之外，其他人无权责令本大学购买任何商品和服务。

·在经济危机或经济衰退期间，本大学会冻结所有空缺和晋升岗位，取消设备购置及出差。由于推行此政策，本校在近40年里没有因为资金短缺临时解雇过任何教职员工。

·在学校正常运营期间，公费出差最多只报销3天2夜的差旅费，不允许用学校经费支付小费。

·每年盘点大学的所有设备。

·拨款和合同与常规预算资金分开控制。

·拨款和合同的记账包括事前和事后的资金状况，以确保所有资金皆入账。

继任计划也是经实践证明极为有用的工具。在几家公司的董事会担任董事的经历让我认识到了继任计划的价值。有些董事会只审议高层副总裁或企业管理委员会的继任计划，有些董事会则会审议下层管理人员的继任计划。在汉普顿大学，我们通常会审查副校长、院长、系主任和主任的继任计划。

汉普顿大学的继任计划分析旨在以简洁形式提供大量的信息，

如任职者的姓名、照片、年龄和学位，此外还包括此人的职位、职责、在汉普顿大学的工作经验、在加入汉普顿大学之前的相关工作经历。

然后，主管们必须评价其主要优缺点，并将弱点列入分析页面的"改进措施"中。下面摘录了对几位行政管理人员主要优点的真实评价。该行政管理人员：

……具备远见，工作态度端正，深受大学所有团体的尊重，道德高尚，遵守纪律，完全值得信赖。此人是最最优秀的人才。

……知识渊博，坚韧，深受大学团体和更广泛社区的尊重，工作勤奋，道德无瑕。能够拥有这样可靠的成员是理事会和本大学的幸运。

……具有良好的沟通能力，对本大学尽职尽责，高效，忠诚，具备良好的判断力，睿智，善于管理风险，善于解决问题。

……具有人际沟通能力，能够出色地完成多重任务，注重结果，自信且有团队合作精神。具有卓越的品格和工作态度，是异常可贵的行政管理人员。

……在标准活动和争取经费方面具备极有创造力的想法，能够准确、及时地汇报，有团队合作精神，能够支持职工和同僚。

……具有概念化能力和创造力，拥有可靠的领导技能，积极主动，优秀的书面和口头沟通能力，善于倾听，能够持续营造恰当的环境以明确展示汉普顿大学的期望和政策。

所需改进和发展措施也是继任规划分析中不可或缺的组成部分。这方面的评价实例包括：

　　若在争取经费方面有更多工作经验将会更好。

　　……希望行事和推进方法能够更加直接。

　　……需要参加所有官方集会和部分文化活动及体育赛事，更深地融入汉普顿大学的文化中。高管人员既要指派工作也要躬身亲为。

　　……若能明白事情并非总是一帆风顺或如我们所愿会更好。所有人都有成功和失败。我们不能只炫耀成功而隐瞒错误。

　　……非常担心（此人）有时是否没有说真话。

　　……完成每步指派工作后需要跟进；需要持之以恒地向员工提供建设性反馈意见。

校长和首席执行官（由我兼任）、管理团队和理事会，可以通过该分析获得有用的信息。该分析概括的最后两个部分是继任流程的核心。这两个部分分别是"继任候选人"和"就绪程度"。

"继任候选人"部分列出了候选人的姓名和年龄，以及对他们是否适合接任此职位的意见。考查人员可以用"就绪程度"来评价

"继任候选人"中所列之人是否做好了接任准备：RN代表现已准备就绪，"R1～2"代表在1～2年内准备就绪，"R3～4"代表在3～4年内准备就绪。我们的继任规划流程有利有弊，不仅能协助行政管理人员提高绩效，先前提到的17位行政管理人员之所以能够成为其他机构的总裁和首席执行官，这个继任规划流程也功不可没。这种分析形式非常有效，可供其他任何组织效仿。以下是一张空白的继任计划分析表。

继任计划分析表	
行政管理人员照片	姓名：
	年龄：
	学位：
	岗位职责：
在汉普顿大学的工作经验： 职位开始日期—结束日期	
加入汉普顿大学之前的相关工作经历： 职位开始日期—结束日期	
主要长处： 改进措施：	
继任候选人 职称： 姓名：　　　　　　年龄：　　　　　　就绪程度：	
就绪程度： RN——现已就绪 R1～2——1～2年内就绪 R3～4——3～4年内就绪 离职－淘汰	

当我初来汉普顿大学工作之时，我组建了两个小组，它们在大学管理中发挥了重要作用。这两个小组分别是行政委员会和扩大行政委员会。建立行政委员会的想法来自我的导师路德·福斯特（Luther Foster），后者曾在1953—1981年担任塔斯基吉大学的校长。1972—1978年，我曾在该校担任两年学生事务副校长和四年行政事务副校长，当时福斯特博士是我的上级。行政委员会的成员包括校长、校监兼教务长、校长参事、高级副校长、商务副校长、行政事务副校长、副校长兼总法律顾问、科研事务副校长兼研究生院院长、发展副校长、发展事务协理副校长。

扩大委员会成员除了上述任职者之外，还包括教务院院长和教务主任。成立扩大委员会是因为我认为各院长和受邀主任若能参与讨论，大学的管理工作就能做得更好。这两个委员会的成员代表了本校的各个层级和领域。

行政委员会有权制定影响大学内部运作的政策，发挥校委会的职能。委员们每周举行一次会议，讨论如何让汉普顿大学有效运作。委员会成员可以在会上交流各自所在领域的信息、讨论各种问题和关注事项、征求委员会其他成员的意见，在其职权范围内就大学活动、政策和程序做出决策。行政委员会会议上的讨论气氛非常活跃。与会成员有时对讨论的话题并不能达成共识，但这是件好事。如果所有成员都赞成，就不存在多元思维了。

扩大委员会也是每周举行一次会议。行政领导团队和学术领导团队通过召开这种联席会议，可以深入分享信息，并讨论双方团队的工作对彼此的影响。行政委员会制定的许多政策由院长和主任加以贯彻落实。此外，院长和主任也有机会分享在其单位内发生的令人振奋的重大活动。通过这种交流，大学行政管理团队的所有成员可以了解本校的最新活动和计划、问题和关注事项。

我认为这些会议最大的价值在于交流信息和想法。因此我认为，对于任何学院、大学和企业来说，这都是必要且有效的管理工具。

每个学年结束时，我会思考本校教职员工和行政管理人员哪些地方做得好，哪些地方还没有达到我的要求。基于这些信息，我可以确定接下来需要更加关注哪些领域，以及下个学年我们要努力实现哪些目标。

为了将这些目标传达给大家，我会召集校园领导团队，在秋季学期开始之前召开一次行政务虚会。与会者包括副校长、院长、副院长、系主任和各单位的课程教学主管。

务虚会通常为期3天。在务虚会的开幕式上，我会向大家介绍我为本校设定的下一学年目标，以及为实现该目标可以或应该采用的方法，并征求他们的意见。随后的会议环节包括外部顾问和汉普顿大学行政管理人员的汇报，小组活动和规划会议，所有话题均围绕已经确定的本年度目标。这些年来，务虚会讨论过的话题包括助学金、学术成就、学生在读率和招生、法律问题、团队合作、领导战略、管理技能、筹款和战略规划等。

事实证明，务虚会是非常有用且有效的管理工具，原因有很多。

第一，通过这个平台，全校的领导者都能直接聆听我作为校长为下个学年所确定的目标和工作重点，这样可以避免传达过程中信息失真引发误会。此外，这样做可以让每个人都意识到我对学校的所有领导者都抱有同样的期望，不存在区别对待。因此，每个人都意识到，我们是在为促使汉普顿大学取得成功这个共同目标而奋斗。

第二，大家可以通过务虚会进行团队建设和思想交流。通常，团队是在课程、学科组和系内部以跨学科的方式组建起来的。召集众多领域的领导者可以营造出理想的环境，让所有单位都能相互了解、相互支持。

第三，每位与会者可以通过务虚会这个平台，提出新的想法和创意，供全校最高行政管理团队加以讨论。

第四，务虚会可以深化与会者之间的情谊，晚上举办的社交活动尤其如此。迎宾室里播放着音乐，大家可以玩牌、下棋、玩多米诺骨牌和填字游戏，享用冷热饮料和酒水。我曾经听到这样的评价："我没想到（某）博士竟然这么有趣"，或"我很惊讶（某）博士牌打得这么好"，或"我不知道（某）博士竟然会跳这么新潮的舞"。事实证明，这种社交情谊对改善工作关系非常有益。

2002年，在南卡罗来纳州希尔顿黑德岛举办的行政务虚会的主题是能力管理。在能力管理系统中，我们希望找到实现可量化目标所需的资源。这些资源包括为最大限度地提高特定组织的效率和有效性所需的人才、技能、资金和惯例。

我曾多次提及，高等教育机构的主要目标应该是倡导知识和学问。我认为，如果重视获得可测量的知识或能力，就可以改善学习过程。受过大学教育的个人应该具备某些领域的常规知识，以及某个专业领域的具体知识。这是我们讨论汉普顿大学全面能力教育计划的动机。

具体来说，我与大家讨论了一个计划，这个计划要求每位教授确定学生修完每门课后必须达到的最低可量化能力水平。无论能力高低，每名学生在修完某门课程后应能取得某些成就，这个成就是可测量的。若教师为某门课程设定的能力标准为10，这并不意味着学生无法学到20分的东西，只意味着每位学生了解和掌握的能力至少必须达到10。

这个想法引起了很大的反响。大家的评论和提问异常踊跃，尤其关注过程和结果。在讨论结束时，务虚会与会者对这个想法表示热烈欢迎。然而，提议得到通过还仅仅只是个开端，真正的工作要等我们回到校园才开始。

当时的教务长乔安·海斯伯特，在规划和实施这个提议的过程中发挥了杰出的领导作用。她动员教员，任命委员会，委派其他领导者分担当前的任务，并监管整个流程。经过种种努力，我们为整个校园制订了精心构想的基于能力的综合教育计划。

海斯伯特博士和能力委员会改进了每位教员必须完成的课程大纲，在课程大纲中增添了汉普顿大学核心能力、最低课程能力要求、具体的预期学习成果等主题。除这些新增主题外，课程大纲原先包含的主题有课程说明、教科书和材料、课程目标、评估、课程评分方法、教授的姓名和联系信息。

我会不时抽查大纲，确认教授们是否遵照我的本意在对课程进行量化。我欣喜地看到学生能力建设工作正在顺利展开，完全符合我们当初的设想。例如，药学院的教授表示，他希望学生具备各种能力，并特别做好准备以便："评估和撰写药物订单或处方，准确地解读处方或药物订单，执行配制复杂处方所需的基本药物计算。"他对这个目标的表述非常清楚。一名药学专业的学生要么准确地知道如何按方配药，要么不能。药剂师若不具备这个能力，患者可能因此丧命。

我的教员同事和行政管理同事使用的这些管理工具，在汉普顿大学被证明是卓有成效的。显然，我们还可以借助其他工具和技术来取得成效，但是不管采用什么方法，请记住，优秀的领导者必然拥有杰出的管理能力。

"每个组织既需要领导者，又需要管理者。需要领导者来照亮通往未来的道路，激发人们追求卓越；需要管理者来确保日常运营顺利开展，公司的人力和实物资产得到照料与保护。"[4]我认为在高等教育管理方面，情况更是如此。

顶级院校始终不乏标志性的领导者，而管理人员、管理技术和工具却一直供不应求。据我多年来的观察，在高等教育机构中，无论规模大小，公立或私立，多数族裔还是少数族裔学校，很多院长和系主任及其他中层行政管理人员虽然都是优秀、聪明且很有建树的专业人士，但他们并不是优秀的管理者。他们没有接受过管理工具和管理技术方面的培训，也没有使用这些工具和技术的经验，因此，他们在管理上并不老练。在过去的 10 年里，随着预算减少、在校生人数下降，联邦和州政府的支持减少，以及其他因素造成的负面影响，我看到形势正在发生变化。如今的高校面临着严峻的需求和挑战，展望未来，教育界的领导者们必须坚持问责制，学会运用有效的管理工具和技术。希望我在本章列举的若干例子能帮助未来的行政管理人员磨炼自己的技能。

第6章 财政保守主义

我们所受的培训和经历造就了我们。

在我年轻时，我的父母、我在阿拉巴马州布鲁顿南方师范大学的老师们教导我，要努力工作并且"量入为出"。这个朴素的建议告诫我们：不要购买自己无力支付的东西，也不要参与自己无力承担的活动。遗憾的是，许多人却在任性地追逐自己在经济上无力承担的东西，并因此而深受折磨。我认识的一些人（行政管理人员和教员），他们的薪水非常丰厚，但还是多次要求预支工资。其中有些人甚至不得不动用退休年金。有些人提出这种请求是因为真正遇到了紧急情况，而大部分人则纯粹是因为理财不善或者入不敷出。有些人不明白，人们不应该购买或参与超出自己消费能力的东西或活动。在当今社会，只要贷方确信借方具备还债能力，就会向借方提供贷款。

在我年幼的时候，有些人（包括我母亲）则经常采用"分期预付"的方法来购买货物、家具和其他东西。所谓的"分期预付"就是指，商店准许顾客将看中的商品收入存储区域保存，最长可保存

1年。客户每月支付费用，直至付清商品的总价为止。我还非常清楚地记得，母亲会挑选比我身材更大的牛仔裤、T恤、衬衫，指望等到付清总价时刚好合身。这样，我每个新学年都有新衣服可穿。没有人知道这些新衣服是我母亲在1年前就选好并以"分期预付"的方式给我购买的。

落实财政保守主义和财务责任的秘诀就是倡导勤奋工作和"量入为出"。勤奋工作带来收入，"量入为出"则可以防止支出超过收入。对我而言，这条建议适用于家庭、学院、企业、州乃至全国的预算。

如果平衡预算是最终目标（我认为这是个崇高的目标），有些人可能认为财政保守主义仅仅与财务有关。许多高校的预算编制，仅仅就是系或学院认可去年的预算，然后由该系的系主任、院长或主管添加下个年度的预算数字，如此而已。很多时候，系预算的编制人员不会考虑本校的计划、其所在领域的优先事项、收入来源。根据我对财政保守主义和财务责任的理解，这种预算规划方式是不可取的。

在我看来，要落实良好的财务责任，必须具备5个要素，即理念、筹资、规划、需求分析和问责。预算规划不仅包括这5个要素，而且必须契合整个机构及其下属机构（如系或学院）的使命。对我而言，预算就是某个计划的财政条款。因此，预算规划和管理是财政保守主义不可分割的组成部分。领导者和管理者必须明白，期望的成果不会凭空而来。要达到预期目标和效果，必须采取有条不紊的过程。

理念

我将"财政保守主义"定义为反映人们信奉谨慎用钱和任何情况下都不允许支出超过收入的理念。在学院、大学、企业、政府机构及任何组织中，财政保守主义意味着要在平衡的预算范围内开展活动。

就像"哈维领导力模型"的其他原则，这个理念十分简单易行。在第 1 章"导言"章节，我提到我母亲曾经强调："如果你只有 1 美元，你就不能去杂货店买 1.25 美元的东西。"这个概念体现出理性思维，我将她的观念融入我的理念之中。不管我们觉得自己多么需要某台设备，某次出差对于某个部门来说多么必要，或者某个顾问对于实现某个目的或目标有多重要，如果你手上只有 1 美元，你就不能花费 1.25 美元。

我必须承认，在学术界实行财政保守主义异常艰难，原因如下。第一，很多教员和员工认为他们比决策者更聪明。如果由他们做主，他们会采纳不同的资源分配方案。第二，有些人会出于对自己学科或院系的忠诚而行事。第三，因为知识体系的缺乏，有些人无法理解或体谅高校的财务运作方式。第四，很多学者喜欢高谈阔论某些情况或问题，将其视为思维锻炼。

其他原因也可能导致学术界中某些人士不了解预算平衡的概念。例如，某些因为资金缺乏而搁浅的项目实际上非常有价值，因此，教职员工不明白如此有价值的项目为何不能获得资金。有些学生非常需要经济援助。他们不理解我们为何不动用捐款来支持他们接受教育，尤其是捐赠额度还相当大的情况下。

有些人不理解（有些人则不想理解），但是所有潜在的领导者都必须明白，我们所有人都必须对金钱负责。领导者和管理者有时必须对理事与立法者负责，有时必须对捐助者负责，有时必须向利益相关者负责。归根结底，他们必须对自己负责。优秀的管理者必须遵守纪律，对于财务问题要持之以恒。低效的管理者几乎不对任何提议说不——无论成本或后果如何。记住，如果你手上只有1美元，你就不能花1.25美元。

规划

至少40年来，我都在积极倡导学术规划。学术规划是承担财务责任的良好方式，就像它能促进治理工作、领导能力和管理活动。在来汉普顿大学工作之前，我就对学术规划的作用深有感触，这源于我在塔斯基吉大学担任首席规划官兼行政副校长等职务的工作经历。

从20世纪70年代中期开始，汉普顿大学就在管理过程中采纳"规划"的概念。当时，这项工作是由教育规划和院系研究办公室主任罗伯特·萨彻（Robert Satcher）领导的，他们的规划做得非常细致，萨彻博士及其同事协调得很好。

1978年我担任汉普顿大学的校长后，我想实施好的方案，做出更多的改进，为此，我们需要扩大规划的关注范围。在我看来，我们需要制订更全面的流程，涵盖愿景、人力资源和资金来源识别、遵照计划执行的预算机制、运营分析团队，并为汉普顿大学的前景规划者设定期望。因为我坚信，如果规划方案协调得当，就会对政策、安排、增长、评估、预算乃至机构的未来产生积极的作用，所以我积极地参与设定了规划方案的结构、参数和方向。

领导这项工作的是新上任的行政事务院院长奥斯卡·普拉特（Oscar Prater）。普拉特博士有数学、物理和统计学背景，曾担任过学院的行政管理工作。在他的领导下，该流程要求在学年开始时提交年度目标，然后在秋季和春季报告目标实现情况。这些报告包括预期成果、创新举措、人事安排、设备和基础设施需求、潜在的课程变动，以及拟定的国际活动。

在我看来，汉普顿大学拥有无限的未来。我觉得我们正乘坐着太空船，飞向未知的领域。我们需要能够驾驭全校的行政领导能力、辛勤工作、团队合作，并需要了解我们正在尽力实现的目标。尤其对教学和支持单位的负责人来说，必须广开言路，理解自己的职责，以便实现目标和制定决策，确保本校取得成功。此外，我希望提高汉普顿大学规划流程的参与度，让教职员工、学生、校友和理事都能参与进来。

革新此规划流程的一项首要行动就是创建"运营分析和研究"（编者注：Operation Analysis and Research，OAR）单位。为了协力创建OAR，我引进了青年人才格伦·罗森博格（Glenn Rosenberg），他曾在塔斯基吉大学与我共事。格伦拥有工商管理硕士学位，是伍德罗·威尔逊行政管理协会（编者注：Woodrow Wilson

Administrative Fellow）会员。入选伍德罗·威尔逊计划的都是优秀青年，能够为汉普顿大学提供所需的研究、分析和导向。事实证明，格伦为汉普顿大学做出了巨大的贡献。尽管最初引进他时遭到了反对，因为我授权他访问敏感的财务数据，但是他对汉普顿大学进行的财务分析，最终协助我从财政保守主义的立场出发做出决策。这段经历给我的教训是，领导者和管理者不应害怕利用本机构之外的专业人才，尽管有些内部人士可能会对此有所抱怨。

第二项公开行动就是要求高级职员在行使领导权时，注重其管辖范围内的行政管理人员的绩效提升问题。许多人不了解自己所在地区和全国的形势，他们或许不知道组织对自己有何期望，可能也不知道组织未来想要往什么方向发展。因此，我要求每位副校长制订行政管理能力发展计划，以期解决其中的某些问题。

担任新设立的学术事务副校长一职的玛莎·道森（Martha Dawson）率先响应了我的号召。1980—1981学年期间，她开设了系列特别行政领导力培训（编者注：Special Administrative Leadership Training，SALT）研讨会，为学院主管、系主任和被选拔教员提供学习与完善行政管理技能的机会。

SALT系列研讨会向参与者介绍当代高等教育存在的问题，如法律和预算问题、提案撰写、时间管理、行政评估和行政管理。为协助工作，道森博士邀请国家顾问与大家分享专业知识，涉及的专业领域包括：

·诉讼——鼓励参加研讨会的人掌握高校行政管理人

员应该具备的基本法律知识。

·预算管理——顾问展示编制预算文件的技巧，分析如何让预算文件符合既定计划，强调行政管理人员在预算管理中所起的作用。

·撰写提案——分析向私人基金会和联邦政府申请资金的优秀提案的要素与撰写方法。鼓励参与者以合作模式撰写提案。

·时间管理——鼓励与会者考虑浪费时间的事项、节约时间的办法，以及确定目标和先后次序的重要性。

·评估—— 行政管理人员准确而持久的评估是实施问责制的良好办法。

在弗吉尼亚州卡帕赫斯市莫顿中心召开行政务虚会时，召开了该年度的最后一次SALT研讨会。与会者用一天半时间为创建和完善理想的汉普顿大学模型制定了策略。这次研讨会特别关注了裁员战略，兼职教员的使用，负责人、主任及院长的责任与评估，学院内预算分配。

虽然道森博士是SALT会议的总体负责人，但其他高级管理人员也开始接受汉普顿大学需要行政建设的想法。在务虚会中，我强调了行政建设的重要性，并指出了院长、主任和系负责人在20世纪80年代应履行的职责。虽然务虚会上公布的大部分材料对许多人来说还很新鲜，但参与者的反馈颇为积极。

在该次SALT研讨会上，参与者对提高行政管理人员工作效率的方法持"接受"态度，这证实了我的想法：人们都想做正确的事情。人人都想力争上游，很多时候他们只是不知道该怎么做而已。道森博士居功至伟，我发自内心地相信这些研讨会不但完善了汉普顿大学的规划模式，还为我校后来涌现出若干优秀行政领导者奠定了基础。学习领导能力的人必须认识到，任何机构的长期成功都需要富有奉献精神的专业核心团队，他们是值得称道的。

上面提到的这些先行者为我们的规划工作开了个好头，除此之外，还有很多非常能干、精明、敬业的专业人士为贯彻这个规划流程做出了贡献。过去40年来，曾经领导战略规划工作的其他高级管理人员及其当时所任职位包括：行政事务副校长奥斯卡·普拉特、规划副校长兼研究生院院长卡尔顿·布朗（Carlton Brown）、战略规划主任贝弗利·林赛（Beverly Lindsey）、执行副校长兼教务长埃洛拉·D.丹尼尔（Elnora D. Daniel）、高级副校长卡尔文·贾米森（Calvin Jamison）、教务长乔安·W.海斯伯特和行政事务副校长罗德尼·D.史密斯（Rodney D. Smith）。

毫无疑问，上述人员及其同事为汉普顿大学创造了巨大的价值。我们目前在高等教育界的卓越声誉在部分程度上要归功于他们的导向、指导和辛勤努力。顺便说一下，在上述汉普顿大学行政管理人员中，有5位已经成为其他高等院校的校长。

虽然每个规划领导者及团队的工作重心可能不同，但汉普顿大学规划活动的基本宗旨始终是相同的。因此，我们拥有的规划系统能够确定可衡量的目标、评估步骤、与预算流程挂钩的成果测量指标。

我们的规划流程旨在收集和分析数据，为各单位提供相关信息以协助他们制订计划，编制所有学术和支持单位的对比统计数据、主办研讨会并确保顾问们能够协助各单位编制计划，协助各单位将其项目计划与年度运营预算请求相挂钩。

这个规划流程每年执行1次，如果执行顺利，就可以直接进入预算流程。

筹资

我担任汉普顿大学校长近40年，在此期间我充分体会到了筹资的快乐。我非常喜欢与业界领袖、政府领导人、校友、本校友好人士分享汉普顿大学的故事。然而，为了取得成功，筹资者必须了解筹资活动的细节。

与大多数人谈及预算和财务责任问题时，他们只能想到支出账目，这其实只答对了一半，因为预算是由支出和收入这两类账目组成的。要充分理解平衡预算的理念，就必须了解不同来源的收入在高校预算中所起的作用。

在规划机构乃至家庭的预算时，必须对收入预算有合理的预期。汉普顿大学的收入来自私人捐款和拨款、联邦拨款和合同、捐赠金收入、创业收入和学费。在汉普顿大学实行财政保守主义政策，就必须指望这些来源所获得的收入。因此，我们投入了大量的时间来筹资。在寻求私人捐款和拨款方面，我们采用了团队管理方法，由校长带队，发展副校长和发展办公室的每位工作人员共同协助。

在像汉普顿大学这样中等规模的机构中，校长是筹资的主力。作为校长，我必须支持本校在学术、研究、学生、实体设备和公共服务方面的目标。任职期间，我强调汉普顿大学是卓越的学府，财务管理得当并且对整个社会具有相当大的影响力。

筹资流程从何处开始呢？首先，筹资人对于自己的需求和愿望必须有明确的认知。捐赠者希望清楚地了解筹资人要求他们支持的项目和计划。因此，教职员工必须对此有清楚的了解，在此基础上，还必须发现捐赠者和本校之间存在的共同利益。

接下来要做的是研究。这个工作由我们的潜在客户调研人员完成。他们负责提供目标公司、个人、基金会或组织的信息。例如，如果目标筹资对象是企业，我想知道其首席执行官和所有管理团队成员的姓名和背景；如果是个人，相关的背景信息则应包括出生城市、州、就读的大学及工作履历。其次，我要了解目标公司的情况，越详细越好，包括他们的产品、季度和年度财务报表，以及对目标公司的财务预测分析。最后，我想知道目标筹资对象的捐款模式、他们的捐款对象、最高捐款额及平均捐款额。

出于多个原因，这些信息具有宝贵的价值。就潜在捐赠者的背景和受教育情况而言，我想知道我们之间是否存在交集。例如，管理团队成员或首席执行官中是否有人和我一样毕业于哈佛大学？我们是否都在某个城市或州居住过？提出多大额度的捐款请求比较合适？这家公司通常会资助什么项目和计划？哪些类型的项目和计划不符合他们的资助条件？他们支持哪些捐助形式？是捐款、捐助实体经济、捐赠奖学金还是支持STEM（编者注：

Science, Technology, Engineering and Math，STEM）领域、社会科学或提供全面支持？

掌握了这些信息之后，我会开始与潜在捐赠者交谈。我不会马上请求对方资助我们，只有在经过交谈，确定双方存在共同利益时，我才会请求对方资助某个项目。确定双方的共同利益后，我会询问对方愿意提供多大规模的资助。这样做既可以避免因为狮子大张口而导致对方退却，又不会因为请求额度低于对方的心理预期而导致我们失去原本可以获得的捐助。

想要学习和发挥领导能力的人必须了解行程安排对于实现资源最大化的重要作用。我和同事的行程安排如下：星期一上午到达某市，下午安排两次会议；星期二、星期三和星期四，安排五场会议。星期五返回，当天上午安排两次会议。这种安排的好处在于，我们几乎每次出差都能拜访多个公司、基金会和个人，这可以节约机票费、出租车费甚至住宿费。

在这整个流程中，发展事务副校长是筹资的核心人物。校长有责任挑选值得信任，并且能够与其共同为学校谋福利的副校长。

我很幸运自己在任期的大部分时间中拥有拉隆·克拉克这个筹资合作伙伴，我们代表汉普顿大学前往全国各地筹资，合作得亲密无间。显然，汉普顿大学因为他的努力而变得更好，因为我们带回了大量资金，用来支持捐赠金、课程、学生奖学金和设施建设。

爱莉丝·拉梅女士是新任的发展事务副校长，她于2014年上任。她非常适合这个岗位，因为她不但具有组织能力和专注能力，而且经验丰富、个性和善，所以我期待着她成为一名成功的领导者。

此外，我们还必须拥有协调良好的合作伙伴团体。虽然汉普顿大学长期以来与企业交往频繁并且取得了巨大成功，但是拉梅女士还是认为有必要制订正式的校企合作计划。我赞成她的这个想法，汉普顿大学校企合作计划应运而生。这种合作计划将部分公司和当地企业聚集起来，以便与某个机构或组织展开协作。汉普顿大学校企合作计划的主要目的是在大学与企业之间建立合作关系，将理论与"现实世界"的经验结合起来，从而为我们大学创造竞争优势。此外，加入这个计划的公司和企业可能还会捐赠奖学金、支持学生实习和毕业后就业安置、教员发展和研究、校园改善和校园社区参与等。

显然，我对首席发展官和发展项目寄予厚望，并会通过绩效评估来密切关注筹资流程。我用来衡量发展活动成效的标准包括为每位工作人员制订总体筹资目标和现金目标，规定每位工作人员每月必须完成特定数量的拜访，分析为当前运营和预期增长所筹集到的资金，分析营销计划能否支持当前的目标和本校未来的计划。

开展筹资活动离不开营销计划。成功的筹资活动若能与公关举措协调配合，就能取得最大的成效。这意味着为了达到预期成果，筹资人员必须与公关人员精诚合作。有效的公关方案必须利用电视、广播、印刷品、出版物、社交媒体等各种通信平台进行传播。营销团队要协助学校打响自己的品牌，从而让捐赠者清楚地知道他们是谁并且信任他们。

理事会成员在筹资流程中也发挥着极为重要的作用。在开展正式募捐活动时，理事会有责任分析、建议并且批准总体方案。

理事会成员也可以采取其他方式为筹资出力。他们可以发挥领导才能，主办筹资活动，把校长等引荐给自己的同事，陪同校长开展访问，随校长在校内招待潜在捐赠者，开展电话筹款活动。理想的理事捐赠者能够提供多种资助来支持年度募款、特殊用途募款和计划捐赠等正式募捐活动。令我欣慰的是，汉普顿大学就有幸拥有这样鼎力相助的理事。

在20世纪90年代初，我向汉普顿大学的理事们提交了一项大学创业计划。在几次会议上经过深入讨论以后，理事会批准我们推进该计划，使用创业收入作为替代收入来源以支持学校的运营和发展。

我们的首个创业项目名为汉普顿港（Hampton Harbor）项目，此项目要修建一家小型购物中心和一座公寓大楼。联邦政府为该项目提供了2292496美元的城市发展行动拨款，弗吉尼亚州汉普顿市提供了70万美元拨款，汉普顿大学捐赠基金提供了9322303美元贷款。到2013学年末，本校已经从这个项目获得了总计24804002美元的利润。

汉普顿港商店

汉普顿港公寓

汉普顿大学从事的其他创业商务项目包括在弗吉尼亚州纽波特纽斯市修建万豪城市中心酒店（Marriott City Center Hotel）、在弗吉尼亚州弗吉尼亚海滩修建希尔顿花园酒店（Hilton Garden Inn）、与Armada Hoffler建筑公司合作在弗吉尼亚州弗吉尼亚海滩修建威斯汀酒店（Westin Hotel）、在弗吉尼亚州黑山堡修建希尔顿花园酒店、在弗吉尼亚州弗吉尼亚海滩修建凯悦酒店（Hyatt Hotel）、在弗吉尼亚州里士满修建里士满办公大楼（Richmond Office Towers）。

截至2013年6月30日，汉普顿大学的创新精神总共为本校带来了33626410美元的利润。

对于汉普顿大学这种规模的高等院校来说，这无疑是非常惊人的。汉普顿港项目的所有利润都归入学生奖学金基金，而其他创业项目的收益则被归入非限制性捐赠基金。理事会和行政管理团队展现出来的创业积极性，不但为汉普顿大学的捐赠基金新增了3500万美元，还让若干青年男女有机会依靠奖学金就读汉普顿大学。毫无疑问，理事会和行政管理团队在大约40年前采取的勇敢行动，不但率先掀起了高等教育机构创业的风潮，而且令汉普顿大学的成员团体受益匪浅。

捐赠收入是我们的另一个收入来源。如果失去了某个捐赠源，汉普顿大学可以依靠自己广泛的多元收入结构来支持自己实现学术卓越的使命。睿智的理事们制定了正式的支出政策，规定只允许动用捐赠金产生的部分利息和股息，我认为他们的这个决定是非常明智的。历史上，汉普顿大学的支出率为捐赠金年度市值的3%，按照全国高校和大学商务主管协会（NACUBO）的捐赠研究报告，其他高校的平均支出率为4%～7%，两相对比，汉普顿大学明显优于其他高校。

我担任校长时，汉普顿大学的捐赠金只有2900万美元，到2013—2014学年年末，本校的捐款金已经达到约2.6亿美元，增幅显著。如此成就要归功于大学成功的筹资活动、大好市场环境带来的升值、保守的利息和股息支出率、理事的明智管理。汉普顿大学理事会所表现出来的财政自制力和责任感，不但值得提倡，而且值得表彰。

出于多个原因，科研拨款和其他拨款与合同也是本校的重要收入来源。首先，科研过程中可能会发现新知识，进而改善人类的生存状况，而且可能成为创收来源。作为我们的收入来源，研究经费和拨款可以用于支付教职员工的薪酬、学生奖学金，以及为学生提供培训机会，购买实验室设备、科学仪器和其他工具，支持教职员工暂离教职以实现研究目标。所有这些因素无疑增加了教员和学校的价值，能够帮助我们更好地履行本校的使命。在用于上述用途时，研究经费在某些情况下还可以充当替代资金，进而有助于改善预算底线。因此，必须让校内各单位都知道，应该让教员开展研究活动并积极参与其专业领域内的研究项目。

科研实力对大学而言非常重要。开展研究可以资助新发现，提高学校的知名度，并且可以提供资金以补偿预算金额。因此，我们需要了解不同研究活动之间的关联性，以及研究对财政保守主义的影响。

高校的科研实力取决于教员，这些人应该把握当前最要紧、最重要且最关键的研究点，以推动自己专业领域内的知识进步。他们知道问题的答案并且知道提出相关问题，教员参与研究有利于教员个人、学生及全校的成长与发展。

然而，抱持上述想法的很多教员可能并不认为自己应该为平衡预算和财政保守主义出力。事实上，他们确实能够做出贡献。举个例子，假设一名教员拥有250万美元的研究拨款，这笔拨款可以用来冲抵大学预算中的若干支出项，如主要研究人员的部分或全部薪金、其他研究人员和实验室技术员的薪水、设备和用品。这笔拨款也可以用来支付津贴和奖学金等款项，以便奖励协助研究的学生。除此之外，还有个重大的好处就是，大部分研究拨款能够帮助我们支付间接成本。间接成本包括宿舍和教室内供电、供水和供暖等楼宇运营与维护费，包括商务办公室、赞助方案和采购办公室等提供的行政支持费、为学生和教员提供各种服务的图书馆开支。

众所周知，前沿研究为治愈疾病、开拓新局面、改善社会带来了希望。除此之外，因为研究合同和拨款伴随着经济收益，所以这些研究与财政保守主义之间也存在显著的相关性。

开展研究工作既能获得新发现，又能改善财务状况，因此，监管教员工作的人员必须意识到研究工作的重要作用。院长和系负责人应积极为其监督领域中开展的研究数量制订详细的目标。例如，院长或系负责人可以制定政策，鼓励每位教员每学期制订申请拨款的研究计划，直到获得资金为止。

为了协助教员申请研究项目，院长或系负责人可以在常规预算之外提供"种子"资金以作激励。其他鼓励措施包括批准若干教员暂离教职以组团申请拨款研究项目。

学费也是高校的收入来源。然而，许多机构过于依赖学费收入。如果招生人数未达标，这就可能出现问题。学费收入不是汉普顿大学的全部收入来源。除了学费外，本校还有 4 个收入来源。之前我介绍了我们的其他收入来源，汉普顿大学有意开辟并且依靠多重收入来源，而这种收入模式又引导我们形成了财务责任理念和追求平衡预算的想法。

在汉普顿大学，学费只占该学生就读本校总成本的38%。这意味着，即使学生付清了他/她的学费、住宿费和杂费，此人就读本校的绝大部分开销依然是靠其他收入来源填补上的。然而，学费收入对我们而言依然非常重要，所以，我们尽力保持本校的收费低于同类高校。大多数州立高校和较差高校的就读成本低于汉普顿大学，然而，与质量和标准相当的同类高等学府相比，就读汉普顿大学仍然是很好的选择。

规划周期结束并对收入具备合理的预期以后，预算规划流程就可以启动了。商务副校长会在每个会计年度第二季度初发布下个学年的"预算召集令"，此时实际上就启动了预算规划流程。随后，商务副校长将财政拨款表和预算工作表会下发给副校长、院长、主任和其他预算负责人，要求他们在每年11月15日之前提交相关信息。预算工作表上需要填写目标、优先事项、潜在资金来源，以及汉普顿大学资金对下个学年规划的影响。这些工作表还让主管们有机会解释和证明其预算请求。

商务副校长、审计官和预算主管将于1月召开听证会。根据情况，有时还会邀请其他人员参与预算听证会。例如，邀请教务长参加学术单位的预算听证会。

商务副校长、运营主管及其上司达成共识之后，会将拟定预算提交校长审批；校长审查拟定预算并向理事会财务委员会提出建议，然后由委员会审批并且提出建议，最后提交给全体理事审议。

因为我们信奉预算参与制，所以即使各种参数和总预算已通过理事会的批准，校园运营主管们也有机会提出更多的意见。商务副校长将经由理事会批准的预算送交给相关的预算主管进行最终审查。院长和其他预算官员可以借此机会，在理事会许可的范围内调整预算项。

我们的预算规划流程是彻底的、全面的、公平的和可靠的。在汉普顿大学，我们认真对待预算，在整个流程中谨守财务责任理念，毫不放松平衡预算的方针。

汉普顿大学的财政保守主义和财务责任制度已经成功地贯彻了近40年，这个制度的最后步骤就是责任担当。在我看来，责任担当始于每个人。机构内的每个成员都必须对自己的行为和绩效负责。虽然每个人必须对自己的上级负责，但责任担当并不止步于此。真正的责任担当源于自己的内心，表现为个人责任感。具有个人责任感的人不会因为无人监督就不好好履行自己的工作职责；相反，他们表现卓越是因为他们要对自己的工作表现负责，力求达到他们为自己设定的职业和个人发展目标。有责任感的人通常会采取适当行动来完成上级为其设定的责任目标。

行政管理人员，特别是系负责人、院长、副校长乃至校长，在财政诚信和履行财政责任方面必须按照高标准严格要求自己。为了确保行政管理人员完全明白其责任，必须让他们知道学校对他们有何期望。许多行政管理人员接受过大量学术方面的训练，专业能力非常强。因为成就卓越，他们很快得到了晋升。然而有关财务知识，包括预算、筹资、资源分配及平衡预算的责任观等，他们还有待学习。我曾经主持过并且与许多评定小组合作过，经验告诉我，高校的情况不尽如此。如前文所述，在我成为校长之前，在20世纪70年代整整10年间内，汉普顿大学的预算从来没有达到平衡。

许多迹象表明，我们这所高校当时处于岌岌可危的境地。最明显的例子莫过于，创始人的孙子（也是我们的前理事长）建议汉普顿大学放弃高等学府身份，降格为高中预备学校。他的动机是高尚的，因为他的出发点是想要拯救汉普顿大学，但是这个建议无疑遭到了校友及其他人士的强烈反对。

其他迹象包括墙壁上的油漆剥落、道路坑坑洼洼，以及窗户破损等。因为用于维修、更换这些东西的资金不到位，汉普顿大学美丽的校园正在衰败。

显然，我们必须迅速采取措施扭转这种局面。对我来说，这意味着我们需要增加收入并且更有效地控制支出。在财务主任卢修斯·怀亚特先生、审计官尤金·约翰逊（Eugene Johnson）和学术院长约翰·汉迪（John Handy）博士的帮助下，我们开始采取行动，更加谨慎地管理学校的支出。下面举例说明。

我在给汉普顿大学社区的信中指出，我们必须勒紧裤腰带，暂缓原本计划做的若干事情。我们需要尽可能地削减支出并力行节约。然后，我还指出，在削减预算方面，我们不应该"一刀切"，而是要在不对教职员工和教学计划产生不利影响的前提下节约经费。为了达到这个目的，我列出了以下行动步骤：

· 冻结空置职位和晋升机会。

· 冻结终身职位。

· 冻结学校准备购买设备的预算。

· 冻结学校的出差预算。

· 只要条件允许，就由外部拨款来支付学校的预算项。

· 出售部分旧车和卡车，以高尔夫球车代替。这个举措不仅省下了购买汽油的资金，而且有助于创建更为环保的校园。

上述措施不适用于获得联邦资助或享受拨款的人士、设备、差旅和其他开支。这些措施也不适用于与筹资或招生相关的差旅。

其他例外情形必须提交例外审批委员会（Exceptions Committee）分析和审批。这个委员会由两名行政管理人员、两名教员和一名职员组成。汉普顿大学近40年来已经多次使用这种管理方式，并因此节约了大量资金。

第7章 学术卓越

任何高校的主要使命都应该是倡导知识和学问。无疑，学生会在课堂中学习，但也可以在图书馆、自习室、宿舍、足球场、篮球场、男生联谊会和女生联谊会等众多场合学习。由此可见，我们应该全面地看待学术卓越这个问题。

要实现学术卓越，我们必须首先知道什么是学术卓越。许多院校及其代表依据单一标准来定义学术卓越，他们依仗的标准可能是足够高的新生平均学习能力倾向测验成绩（1200～1400），可能是带有新教室、实验室和技术设施的优质实体设施，或者是教员的研究活动等。有些学校声称自己的办学宗旨有服务大众的成分，而这就是卓越的体现。至于捐赠、捐献、拨款、合同和其他慈善计划与奖励，更是经常被很多学校用来自吹自擂。

此外，有些不具备以上任何条件的院校也在大肆鼓吹他们是"学术卓越"之地，这就跟那些重复谎言直到人们相信为止的政治家没有区别。

我认为，学术卓越这个概念是无法用单一的标准来准确评判的；相反，它必须满足多重标准。任何真正追求卓越的机构都制定有准确而全面的流程以评估其目标和成果。真正的挑战是制定衡量学术卓越的整套方法。那么必须满足哪些条件才能算是学术卓越呢？让我们来看看那些给高校发放"成绩单"的人所用的标准。

学术认证机构的任务是监督和评估高等院校的学术水平。美国东南地区采用南部院校协会认证（SACS）的认证标准。按照SACS的规定：

> 学院委员会希望各院校努力在其资源和能力范围内提高课程与服务质量，并根据其使命创造恰当的环境，以便开展教学、公共服务、研究和学习活动。[1]

《美国新闻与世界报道》（*U.S. News and World Report*）杂志是监督和评估学术卓越的最著名的机构。这家杂志对高校实施年度同行评估，每年的报告收录300多所综合性大学，按照北部、南部、中西部和西部四大地区分区排名。

在评估高等院校的课程时，它会向各地区的所有院校分发同类院校清单。清单上列出的每所学校的校长、教务长和招生办主任会收到调查问卷。例如，硕士学位类大学的总体评估标准针对的是拥有特定数量的硕士学位授予点并提供广泛的学士学位课程的主要高等院校。调查对象要对清单上的所有院校进行评估，考虑每个课程的奖学金记录、课程、教员和毕业生的质量，然后按五分制（1分表示最低，5分表示卓越）标准打分。

如果调查问卷填写人想要提名示范课程和特长领域，则必须为每个领域最多提名10所其他学校。这些领域包括新生体验、学习社区、大四顶峰体验或最高学术经历、本科研究、服务性学习、出国留学、实习、合作教育或实习、专业领域写作。

　　根据这些分析结果，同类院校认同的大专院校投资价值排名标准包括：①评估；②学生筛选率；③教员资源；④毕业率和保留率；⑤财政资源；⑥校友资助；⑦毕业率表现。

　　《普林斯顿评论》/《福布斯杂志》（*Princeton Review /Forbes Magazine*）以课程卓越为标准联合发表了高校技术排名，他们用于衡量课程卓越的标准是学校的综合技术使用率。用于确定排名的主要数据包括计算机与学生比例、校园网络、无线网络、远程访问、在线选课、在线行政管理功能、对计算机熟练程度的要求和对计算机所有权的要求。

　　使用《普林斯顿评论》/《福布斯杂志》提供的补充数据，可以进一步识别并且区分出前25名大学。这些数据中包含了系列问题的答案：是否提供专门或可以在手持设备上完成的课程作业？是否为学生购买计算机硬件和软件方面提供折扣？是否提供了新技术领域的课程，如虚拟现实或机器人技术？学校的网站是否支持流式视频、音频？

　　实际上，全校联网以便每名教职员工、学生和行政管理人员可以进行电子互动并使用媒体教学和学习，与该校非常重视布线的交互式连接，是完全不同的两回事。

　　为了确定这个类别中排名最高的美国高校，《普林斯顿评论》

整理了来自超过351所美国领先院校的100000多名学生的答复，以及学校行政管理人员提供的数据。

2003年的《黑人企业》（Black Enterprise）报告中列出了50所最优秀的非裔美国人学院，桑娅·A.唐纳森（Sonya A. Donaldson）在该报告中分析了如何确定哪些学院最为优秀，以及这些学院具备哪些素质。她选中的院校符合以下两个标准中的一个：①经过认证的四年制大学，非裔美国人的入学率至少为3%；②大型知名大学，如犹他州立大学和新墨西哥州立大学。选中某些高校是为了尽可能具有包容性，并且排除掉非裔美国学生不感兴趣的学校。如此这般，最后选定了482所院校。

专家小组从专业机构、新闻媒体或其他行业的成员名单中，整理出1855名非裔美国学生高等教育专业人员的名单，并向其发送问卷。名单中包括校长、名誉校长、副校长、名誉副校长、教务长、院长、副院长、系主任、招生主任、入学辅导员和大学招生人员，这些人都就职于这482所院校之中。

调查问卷要求他们根据院校是否为非裔美国学生提供良好的社会和教育环境给院校打分，评分标准是：2=强烈推荐，1=推荐，0=中立态度，–1=不推荐，–2=强烈不推荐。所有院校按照《美国新闻与世界报告》制定的大学分类标准予以分类。这套分类标准是卡耐基教学基金会制定的协议的修订版本。每位调查对象只可以评价与其就职院校同类别的院校，如果对某所院校的情况不甚了解，就必须放弃对该校打分。[2]

外部机构对学术卓越判定标准的分析表明，无法通过单个因素或成套指导方针来判定任何大学是否做到了学术卓越。然而，每所追求卓越的院校皆应达到学术卓越的最低标准。

在超过1/3个世纪的时间里，我始终在密切关注着高等教育界，无论其规模大小，是黑人还是白人院校、有名还是无名。

基于观察结果，我提出了下述公式，高校必须满足某些最低标准才能声称自己达到了学术卓越水平。这个公式是：高标准+教育成果+教员表现+关键绩效指标评估+财务稳定=学术卓越。我们来看看这些标准。

高标准

在我看来，所谓高标准就是要取得杰出的成就。普通的或平凡的行动或目标，显然不足以构成基准或标准。

遗憾的是，今天社会上有太多人在篡改"卓越"这个词的定义。我们可以在若干个人、公司、媒体、政府、社会组织及其地方找到信奉这种"卖蠢"哲学的实例。人们对质量的关注似乎并不像过去那样普遍。

在教育界，学习能力倾向测验成绩（SAT）也被注水。今天的1050分，仅仅相当于几年前的940分。[3]出于某些"非常好的"理由，某些州的学区修改了规则以加入"资优"计划。有些人设立了"极度资优""超级资优"及"高度资优"类别，以便让贫穷的白人学生和部分少数族裔学生可以享受传统的"资优"计划。

在弗吉尼亚州，我知道某些教育界人士不但接受而且提倡对少数族裔学生采取较低标准的做法。例如，我的一名非裔美国学生告诉我，他的大学新闻系教授表示，在学生报纸上出错没关系，反正可以在评论部分加以更正。

在这位教授和其他顾问的影响下，每周的学生报纸的质量都非常差，拼写错误、句子结构错误、语法错误、叙事松散等问题屡见不鲜。

幸运的是，有个做过资深记者的教授告诉这些学生，这种做法不但错误，而且有害。他告诉学生如果他们向潜在雇主提交这些低劣的文章，他们可能不会被雇用。即使被雇用，如果抱着"犯错误不要紧，以后纠正就行"的态度，他们的工作也做不长久。

对少数族裔的素质漠不关心属于最严重的种族歧视。这种做法应该被揭露，不应该被容忍。

任何级别的老师，若不致力于倡导最高标准，就不应该从事教职工作。不追求高标准，学术卓越就无从谈起。

怎样才能营造或维持注重高标准的氛围呢？首先，必须拥有重视学术质量和学术效用的文化。在这种氛围中，不能为水平低下寻找任何借口。可以提供帮助、提供支持，但是没有借口。

其次，教授们应该知道，他们的学生可能具备不同的背景、才能、价值观和天资。但是，他们对每个学生都应寄予厚望。

再次，每位教员都必须明白学校、学院和系的使命与风气。正确的态度是适应并且倡导学校的品德和文化，而不是让学校去迁就学生的品德和文化。

端正这个立场很重要，因为在具体学术单位里，有些教员可能前途无量，但他们并不认可或不理解本系或本校的历史、传统或志向。这个人可能在特定层面上做出贡献，但是缺乏对学校的了解，不愿成为整体素质优秀的教授。有时候，这样的人若能在更契合其背景、价值观和兴趣的机构中工作，他/她或许能做出更大的贡献。

最后，致力于达到高标准的院校应尽可能多地确定"最佳实践"。最佳实践可能与学生、研究、教员同事及他们自身的机构或专业学科有关。汉普顿大学模式提供了许多例子，其中包括：

·大学获得的每个研究合同或每笔拨款，都必须让学生参与相关工作。这意味着在汉普顿大学，学生们有机会参加天气卫星发射、乳腺癌研究、消遣性毒品"致幻效应"研究、青少年暴力研究等。

·此外，学校要求所有教员让学生参加自己的研究项目。因此，每年都会有教员和学生共同出席区域与国家会议，联名发表文章。

·每门课程都有写作能力要求。事实上，每个教学大纲至少包含1次写作活动。写作课程由3个主要部分组成：①全课程写作单元，这包括组织系列研讨会，以协助教员更从容地评判学生的作文，并且采用创新的教学策略以确保每个学科的学生都能接触到更多侧重写作的课程。②支持单元，旨在识别并排除若干制度性因素，这些因素若不加以监控，则可能限制学生和课程的整体成功。这些因素包括入学标准、作文课程的结构、扩展支持设施（即写作中心）和在线教程等。③评估单元，提供可量度的学生成绩评估手段，旨在确保所有学生具备一定水平的写作能力。

汉普顿大学对全校所有学生提出了计算机素养要求。所有新生必须证明他们具备使用计算机的能力，不然就要学习计算机科学入门课程，此课程包含结业考试。学生可以选择学习在线课程，然后在入学前的那年夏季接受考试。

·新生必须接受为期6周的入学培训，学习财务规划、个人保健知识、非裔美国艺术和文学，以及汉普顿大学的历史。课程"大学101"（University 101）旨在为新学生提供足以激发其兴趣的知识。如果他们非常感兴趣，稍后可以学习更深的课程。

·所有学生必须学习两门人文课程，以掌握基本的艺术和人文知识。为了全面发展，学生需要学习某些学科中没有涵盖的科目，这些课程由全校教员共同教授。

·哈维领导力研究是一门高强度的互动型课程，旨在培养高尚正直的初级领导者，以便他们正直地领导和服务大众。领导力研究辅修专业的学生要学完18个学分的课程，而且必须到公共服务机构进行400小时的服务/实习，才能完成该课程。

·大学里的每个学院或分科学院都必须提交一份3年计划，以便将各种技术融入教学过程中。计划内容包括拟定的提交系统、教学过程中媒体使用大纲，以及教员培训和远程教育计划。

·"学习方法"课程旨在帮助学习成绩不佳的学生。如果新生在第一学期结束时因为成绩不佳而被留校察看，则必须报名参加3个小时的课程，以强化学习技能、时间管理和考试技巧。

借助于这些"最佳实践"及其他措施，汉普顿大学当之无愧地成为学术卓越的标志，并将此荣誉延续了下去。

高标准的第五个方面涉及课程质量和数量。学校开设的课程是否能够支持本校实现其使命？是否在当今社会依然有市场？

学校开设的课程本身无法决定学校的质量，不过我相信优质课程有助于提高学校的水准。社会的发展日新月异，为了适应这些变化，在我1978年担任校长之后，汉普顿大学新增了80门学位课程，包括计算机科学、海洋科学、创业、化学、电气和计算机工程、航空航线科学和紧急医疗援助管理等学士学位课程；工商管理（MBA）和应用数学等硕士学位课程；物理、药学、大气和行星科学、护理、物理治疗、教育管理和工商管理等博士学位课程。汉普顿大学的战略规划规定，本校提供的课程应与时俱进，满足了当今社会的需求、愿望和求知欲。

汉普顿大学积极响应社会不断变化的需求，我校开设的护理和师范教育专业就是一个例子。当今社会最缺的就是护理人员和教师。毫无疑问，医院病房需要更多的护士，教室里也需要更多的教师。

当地有个大学取消了师范教育和护理课程，而汉普顿大学则在这两个非常重要的领域增加了资源投入。弗吉尼亚海滩属于弗吉尼亚州联邦最大且最发达的城市，汉普顿大学在此处开设卫星校园。这个新校区最先开设的两个专业就是护理和师范教育。在主校区，教育系聘用了更多教授，同时新开设了护理系博士学位课程。

我深信，高校必须适应环境并满足社会需求。如果做不到这点，高校的存在又有何意义呢？

当然，这并不意味着学校就该一味地开设新课程，正确的做法是采取评估过程来分析新设课程和现有课程，以确定它们是否契合学校的使命。汉普顿大学就有这种评估过程。自1978年以来新开设的80门学位课程中，有65门保留至今。学术和非学术课程在经过不断地分析以后，已有11门课程被淘汰。以下是我们现有的新学位授予专业列表：

1.应用数学

2.大气科学

3.航空管理（空中交通管制，机场管理）

4.生物化学

5.工商管理

6.化学工程

7.化学与法医化学专业

8.计算机信息系统

9.计算机科学网络安全

10.计算机科学信息安全

11.刑事司法与犯罪学

12.教育领导

13.英语（创意写作、电影研究）

14.创业精神

15.财务

16.通识学（早/小学教育）

17.卫生管理

18.酒店和度假村管理

19.综合生物学

20.小学教育跨学科研究

21.国际关系（拉丁美洲和加勒比海沿岸国家国际关系）

22.投资银行业务

23.运动学

24.通识教育

25.海洋科学

26.医学科学

27.音乐录音技术

28.准法律研究

29.药学

30.物理治疗

31.物理学（医学、核能和光学）

32.行星科学

33.心理学（婚姻与家庭专业）

34.公共安全管理

35.娱乐与旅游管理

36.宗教研究

37.西班牙语

38.体育管理

39.运动管理

40.战略沟通

41.系统组织与管理

虽然"高标准"涉及诸多要素，但是我相信，任何高校只要能满足以下最低条件，就能充分体现出高标准：①具有倡导学术卓越的文化；②对学生寄予很高的期望；③从教员身上能够看出学校的品德、文化和使命；④确立并贯彻最佳实践；⑤课程的质量和数量能与时俱进，满足当今社会的需要。现在，我们来看看汉普顿模型的下一个要素。

教育成果

学生的学习成果或许是衡量学术卓越的最重要标准。评估学习成果虽然比较困难，但是还是有几套方法可用。学术院系可以对刚刚入学的各专业学生进行预测试，从而为评估各类学术课程的定性和定量成果提供基线数据。评估时，可以采用本校开发的评估工具，也可以采用国家考试或音乐会等其他评估形式。

衡量学生成就时，还可以通过其他测试来监测学生对于特定学科的认知发展和进步程度。衡量指标可以包括学术和非学术获奖情况、学生比赛参与情况、论文、独奏表演情况、课程完成率、综合考试、学生实习评估、执照考试成绩、区域和国家会议研究报告、工作安置率、研究生院入学率、可靠公民造就率等。

特别值得提及的是造就可靠公民。多年以来，我经常谈到个人需要树立公民参与和公民责任的价值观。高校可以并且应该致力于不断向其学生输送与时俱进的可靠公民的价值观。

什么是可靠公民的价值观？就是强调和倡导诚实、正直、道德行为、体面、尊严、敢于承担责任的价值观。弘扬这种价值观意味着教导学生不要撒谎、欺骗或偷窃，意味着必须共同努力，以揭露毒品和暴力的罪恶性与破坏性；也意味着高校应该弘扬服务和协作精神，帮助学生认识到不同的观点或许有其合理之处。

可以肯定的是，推广这些价值观并不容易。今天的年轻人看到政客在讨论同一个问题时动辄改变立场，见人说人话，见鬼说鬼话；他们看到公司高管利用可疑账目操纵收入数据，有时高估收入以掩盖不良业绩，有时则低估收入以给公众留下受控稳定增长的假象；他们看到媒体机构有时充满偏见，有时又散布种族主义言论，热衷于对他们关注的社区做出各种耸人听闻的负面报道，很难让他们报道"正面新闻"，他们坚持"越血腥越吸引眼球"。

要弘扬健康的价值观以建设可靠和强大的社会，各级教育机构堪称理想的场所。这需要能够提供引导和指导的院校文化，需要行政管理人员、教职员工发挥领导能力并真心努力，以帮助学生和其他人抵制这些煽动性言论和虚言假语的不良影响。

汉普顿大学自成立以来始终以培养学生成为可靠领导、服务者和公民为己任。目前，本校正在利用行为准则、荣誉誓言、着装要求、荣誉计划、学生领导力计划、威廉·R.哈维领导力研究所和荣誉学院正式解决这些问题。

创建汉普顿大学荣誉学院的初衷是为了培养符合道德伦理的领导技能、鼓励智力探索，并且帮助学生意识到学习过程的意义。它的根源可追溯到20世纪30年代，当时本校设立了荣誉榜。之后，学校制订了通识教育荣誉计划，内含针对大一、大二、大三和大四学生的课程。20世纪70年代，汉普顿大学增设了一名主任，要求修完24个通识教育学分并且参加1次荣誉研讨会。

1980年7月17日，我委托大学工作组制订并实施全面的荣誉计划。我要求该工作组研究制订学院荣誉计划、创建学者宿舍，并且制定最终可以向全校推广的荣誉守则。

1986年10月，我任命了由教职员工和学生组成的荣誉委员会，并责成他们弘扬荣誉学院的宗旨和目标，监督荣誉学院的政策、程序和指导方针，并为荣誉学院制定业务预算的指导方针。

从1980年到1990年，由埃莉诺·林奇（Eleanor Lynch）担任汉普顿大学新荣誉举措的指导专家。事实上，由于她杰出的领导才能和诚实、正直、自尊、自重的个人品质，1986年9月，我任命她为新荣誉学院的首任院长。

1990年，芭芭拉·怀特黑德（Barbara Whitehead）接任荣誉学院院长，顺利地从林奇女士手上接过了指挥棒。她们两人的价值观相似，怀特黑德女士也相当重视实效。在她3年的任期内，她为荣誉学院赢得全国认可奠定了基础。

等到充满干劲的弗雷迪·T.戴维（Freddye T. Davy）接任院长时，荣誉学院已经声名远播了。汉普顿大学荣誉学院今天的目标是培养"智力、道德和领导技能，从而在教育过程中造就具备卓越成就和创造力的人才"。此计划特别重视培养学生的强大领导力，鼓励学生参与社区事务，并且努力追求学术成就。

在戴维博士的领导下，荣誉计划开创了很多里程碑。校内目前已有20多个系提供40门荣誉课程，每个学期，有超过200名学生参加约12次研讨会。

为8～12年级的学生成立杜博斯邀请会（W.E.B. Du Bois Invitational）以后，荣誉学院在全国的影响力逐渐增强。这个校内会议于1996年开始召开，每年有超过500名学生、教员和家长参加。这个计划取得了如此巨大的成功，以至于鲍伊州立大学、弗吉尼亚州立大学和斯蒂尔曼学院等多所高校纷纷效仿。我对戴维博士的领导力和成就推崇备至，并向理事会建议以她的名字命名荣誉学院。

我坚信，我们能够而且应该教导出可靠的公民。每位教员乃至每所高校都要以倡导尽职行为和公民责任为己任。请所有学习领导力知识的人注意，这种卓越是可以效仿的。首先，选择你想领导的人，任命充满活力、能言善辩、品德高尚并且具备常识的人，远离那些相信政治正确性和别有用心之人。

教员表现

教员表现可以通过学术活动、教学效果、研究能力、争取拨款的能力，以及对学校的忠诚和贡献来加以衡量。学生、教员同事和行政管理人员知道哪些教员尽职尽责，高效多产，他们也知道谁在偷懒。

这些尽职尽责、高效多产的教员会进行许多学术研究。他们教导、领导并且启发他们的学生。他们为同行评审期刊和其他期刊撰写论文，在区域、国内和国际会议上发表论文，撰写专业书籍，并在学术组织中担任领导职务。这些活动可以被量化，继而成为评估学术能力的良好基础。

需要评估教员执行计划的能力，这是教学效果评估的重要内容。在年初，这个计划要求每位教员填写教员绩效合同。

这份合同要求教员列出他们在下个学年里对于教学、研究和服务的长短期目标。他们必须阐明其计划及其实施方法，甚至还要阐明在实施以后如何衡量计划的效果。

填好教员绩效合同之后，系主任、学院院长和教员的同事要对教员进行持续评估。用于确定教员绩效的评估工具包括教员评估表、教员绩效保密审查和课堂观察表。

系主任使用教员评估表来评估教员的教学效果、对学生的帮助以及在专业领域的表现。该表格要求填表人按照以1~5分的李克特量表（Likert）分析打分，1分为最低（需要改进），5分为优，NA为不适用。作为教员评估表的内容，教员绩效保密审查对教员的绩效做出评定，最高评级为"超过所有标准"（472分及以上），最低评级为"低于最低标准"（56~182分）。该文件需要评估者（系主任和学院院长）和教员签名。教员在签字之前可以圈选"同意"或"不同意"。

"课堂观察表"用于同行评估，这个评估可以是计划内的，也可以是计划外的。系主任经学院院长批准之后，任命1~2名教员执行同行考评。考查完成之后，需要与被考查教员讨论表中内容，提出建设性的批评意见。

学生有机会使用"教员和课程评估表"对教员和课程进行评估。学生会收到电子邮件，要求他们在每个学期的最后几周内完成在线课程评估。教员提交课程成绩后，主席、院长和教员将收到评估结果。此表格评估教学效率、教学能力和教学成果。

大学也实施三年审查。无论签订哪类合同（试用期、预备终身制或年度合约），每位教员都必须接受3年审查。3年审查旨在对教员表现进行中期评估，因为大学会解聘所有未能在6年期限以后获得终身职位的教员。每名教员必须提交小档案以供3年审查之用。这份档案必须包含教学、研究和服务方面的绩效证明。正在准备小档案的教员可以向学院终身聘任和晋升委员会寻求帮助。这个委员会由终身制教员组成，以专业形式提供服务。对小档案审查完毕后，委员会对教员的优缺点进行书面分析，向教员提出改进建议，并与院长分享反馈意见。这个小档案用于引导教员建立教学效果、教学能力和教学成果的资质证明。如果小档案显示教员低于平均绩效水平，则建议不再续聘该教员。如果通过这个评估过程发现了异常优秀的教员，可建议学校与其重新签订合同。

晋升和终身聘任过程是非常有效的责任考评工具。在教学、研究或服务方面成绩突出，以及在另外两个方面表现优异的教员会被授予终身职位。他们必须向学校展现出超越卓越教学标准的努力。签订预备终身教职（Tenure-Track）合同的教员可以随时申请终身职位，但是很多人会等到第6年才申请，因为申请失败会导致解聘。

候选人在申请终身职位时，必须明确他们在哪个主要领域为学生、系、学院、本大学、专业及其自身创造了价值，必须表明他们能够尽职尽责地为实现系、学院、本大学的目标和使命而工作。此外，他们还必须继续在教学、研究、学术创造力和专业服务质量方面取得显著进步。

最后一个评估方法是1996—1997学年期间启动的"终身聘任后评审程序"。该程序旨在强化本校的战略计划，目的是确保为教员和行政管理人员提供问责机制，从而保持学术课程的长期可行性。虽然年度评估和逐步获得终身职位的做法可以为非终身制教员提供有效的问责措施，但我们还必须采取其他同样有效的措施来考查终身制教员。

"终身聘任后评审程序"旨在确保终身制教员能够继续为本大学及其使命而奋斗。如果年度教员评估显示终身制教员的表现不佳，这个程序就会被启动。"终身聘任后评审程序"可能会导致以下结果：①该教员依然是对学术界做出充分贡献的成员；②该教员失去其终身职位。如果教员未能履行绩效改进计划，教务长会根据大学政策和程序建议将其立即解雇。为了确保公平，学校明文规定教员可以对解聘决定提出上诉。

争取拨款的能力也是评估教员表现的重要指标。与评估教员表现的其他指标一样，争取拨款的能力是完全可量化的。提交的提案数量及获得资助的提案，都会被学校记录在案。汉普顿大学鼓励教职员工制定拨款申请提案并且成立了赞助计划办公室以提供协助。这个办公室挂在政府关系办公室名下，主要负责赞助/拨款之前的工作。

这项工作极其重要，现任主任艾丽莎·罗杰斯（Alisa Rodgers）非常出色地领导和指导着这方面的工作。赞助计划办公室的工作人员有责任不断研究期刊和资助机构的网站，寻求适合汉普顿大学的融资机会。发现资助项目后，工作人员会在"双周时事通信"上发布通知，然后通过电子邮件和校园邮件发送给所有教职员；他们也会直接向可能具有该项目所需研究能力的教员发送通知。这些通知列出了出资机构、机构的参考号、提交申请的截止日期、需求建议书说明，以及载有全部相关信息的网站地址。

赞助计划办公室还通过其他方式提供帮助。为确保协调性和质量，并符合出资机构和高校的规章制度，所有拨款/合同项目申请在提交给相关机构之前，将由赞助计划办公室的工作人员审核。

为便于协调并且促进信息流通，赞助计划办公室的工作人员还提供以下服务：

· 编制月度《拨款/资助项目清单》，发送给大学院长和行政管理人员。清单上详细列出了关于出资机构、资助项目编号、资助额度、项目负责人和持续时间，以及学院和系的相关信息。

· 编制月度《已提交提案清单》，发送给所有院长。清单上详细列出了每个学院每个月提交的提案数量和资金额度。

· 这个办公室是汉普顿大学与出资机构之间关于拨款/合同项目规程事宜的联络人。此外，所有需要出资机构批准的预算修订和延期都是通过这个办公室提交的。

· 此外，还负责协调"《教育法》第三条款"计划（Title III Program），该计划旨在强化传统黑人大学的办学能力。

政府关系办公室名下的其他两个办公室，在协调汉普顿大学的拨款/合同项目申请工作方面发挥了重要作用。这两个办公室分别是拨款管理办公室和政府事务处。

拨款管理办公室负责管理拨款/合同项目的所有支出，确保收到的公共和私人资金支出得当，充分用于研究和赞助计划。拨款管理官是莉莉·格林（Lillie Green）。格林女士严肃认真的个性令她成为大学中最优秀的人才。她是汉普顿大学的守望者，负责发扬汉普顿大学理性开销的优良传统，有时甚至因为否决资金用途而致使项目负责人对她心生怨言。她守住了底线，坚持只能按照出资机构的原则使用经费。

政府关系副校长比尔·托马斯（Bill Thomas）主管的部门，负责为校长和行政管理团队就影响本校福利的立法和政策问题提供建议。在弗吉尼亚州议会、国会成员和委员会，以及联邦、州和地方行政管理机构、监管委员会和地方管治机构面前，该部门代表汉普顿大学的利益。在汉普顿大学团队中，托马斯先生是个敬业、忠诚而卓有成效的成员，他为教职员工提供极为有用的信息、指引和支持，从而让后者成为拨款/合同项目的项目负责人。

显然，学术卓越涉及不同组成团体的众多人员，在追求学术卓越方面，我们希望并且要求教员全心全意地为学校做贡献。汉普顿大学理事会认为这极其重要，于是制定政策规定：为了获得终身职位，除了具备优秀的教学能力并且参加学术活动之外，候选人必须对汉普顿大学及其学生表现出明显的关切并且积极融入大学生活。

汉普顿大学及其理事会寻求的是知道自己有责任参与院校建设的教员，教员要做的不只是教学或者研究，还必须带领和引导学生走正道。他们必须为本系、本学院乃至整个汉普顿大学谋求更大的福利。在像汉普顿大学这样的地方，教员应该意识到，他们必须与教员同事及行政管理人员通力合作，以打造学校的正面形象。

在某些高校，教员上完课或做完研究就可以回家了。在汉普顿大学，教员还要为学生提供学术和职业辅导，参加文化和体育赛事，协助安排实习和就业安置等。有些高等院校拥有大量的工作人员来做这些事情，但在汉普顿大学，我们期望这些工作由每位教职员工承担。对于那些不了解或不是特别想从事这种工作的人，我们鼓励他们去其他地方另谋机会。

第8章 创新

创新就是利用创造性思维和行动产生新的、不同的或非凡的成果。在任何组织或机构中，无论规模如何，创新都不会自动发生。培养创新文化需要有个过程。

第一，这个过程的起点，就是该机构或组织的所有人都有创新的意识。第二，必须理解并且接纳渴望创新的愿景、方向和长短期目标。第三，必须获得并留住达到预期目的所需的人才。这意味着在机构内部寻找能干的领导者，并且从外部招募英才。第四，机构内部必须营造出让员工想要竭力参与竞争的氛围。这意味着要提供最先进的设施和实验室，准许教员暂停教学以专注于科研活动，并提供富有竞争力的薪水。第五，需要通过行政协调来提供支持和责任。

我坚信，领导力是确保任何冒险能够成功的关键。领导者必须敢于拥抱新的梦想。想要让生活变得更好，其实就是在响应创新的号召。它迫使机构与组织内的人们从平常中发掘新意，准备好迎接下一个突破性的时刻。

我想要在汉普顿大学营造出健康的氛围，让教员和其他研究人员不但可以自由地尝试创新，而且能够寻求创新机会。我经常谈论大胆、创造力、敬畏和伟大，我告诉我的同事，人们必须"敢于成为伟人。不要让人们因为你来自规模不大的高校或者是传统黑人大学就小看你。你的学位、能量、工作态度、热情和能力不逊色于国内任何其他高校的任何教员，甚至有可能比他们更好"。我希望汉普顿大学发展自己的能力，包括人力资源方面的能力，进而与最优秀的高校竞争。我很乐意看到我们能做到"大孩子们"做不到的事情。为了实现这个目标，我们必须积极开展创新活动。

我们实施的策略是：识别具备非凡潜力的卓越教员和项目。作为校长，我的意见是培养创新文化。我提问、做笔记并且要求备份资料。除此之外，我还扮演了讲故事者的角色，向大家描述创新的力量、重要性和潜力。然后，汉普顿大学非凡的教员们书写了后面的故事。下面是关于他们的故事。

卫星项目

我举的首个例子与汉普顿大学大气和行星科学系有关。1978年10月10日，我首次在开学典礼上发言，指出汉普顿大学与位于汉普顿的国家航空航天局（NASA）兰利研究中心之间的直接关联。我说："鉴于科学和工程界极其需要楷模，如果位于本市的NASA兰利研究中心能够与本市唯一的名校汉普顿大学合作，必然可以大大促使少数族裔在这些专业做出更大的贡献。"此外，我还向新加入汉普顿大学物理系的德米特里·维纳布尔（Demetrius Venable）发出了"发展卫星地面数据项目"的具体指示。

因此，1996年，当汉普顿大学的科研事务副校长卡尔文·劳（Calvin Lowe）问我是否有意聘请NASA兰利研究中心的两名杰出科学家M.帕特里克·麦考密克（M. Patrick McCormick）和詹姆士·M.拉塞尔（James M.Russell）来汉普顿大学开展发射卫星工作以便研究大气时，我就约他们面谈，他们欣然而至。我们围绕卫星、空间研究、成立大气科学系，以及他们各自的未来进行了广泛的交流。

这两位科学家对3件事表示了兴趣。第一，涉及学术，因为他们想开设博士学位课程。在此之前，弗吉尼亚州还没有大气科学专业博士点，邻州也只有寥寥数个学校开设了该课程。第二，他们对研究非常感兴趣，想要探索地球的大气层。第三，牵涉K-12社区（编者注："K-12"中的"K"代表Kindergarten，即幼儿园，"12"代表12年级，相当于我国的高中三年级。"K-12"是指从幼儿园到12年级的教育，因此也被国际上用作对基础教育阶段的通称）。

我惊讶于他们的宏大愿景并且对此表示支持，因为我也正有此意。在与劳博士和学术事务副校长交流过他们两人的情况与想法之后，1996年，我们邀请他们加入了本校，他们没有让我们失望。自从加入我们的教员队伍以来，他们的研究工作就始终走在全球创新前沿。

在麦考密克博士和拉塞尔博士的领导下，汉普顿大学多年来都在积极参与卫星发射和卫星仪器的研发活动。他们最先研发出来的两颗卫星在世界不同地区发射成功。一颗在俄罗斯的拜科努尔发射，另一颗在加利福尼亚州的范登堡空军基地发射。在拜科努尔发射的那颗卫星于 2001 年 12 月 9 日由乌克兰 Zenit-2 火箭发射，将 Russian Meteor 3-M 宇宙飞船上的 SAGE III（用于平流层气溶胶和气体实验）设备送上了环地轨道。SAGE III 由 Ball Aerospace 在科罗拉多州的博尔德建造，麦考密克博士是 SAGE III 的项目负责人，他撰写了 SAGE III 标书参加公开竞标，领导科学工作开展，并且带领科学家团队完成了这个项目。他也是其前身项目的 SAGE I 与 SAGE II 及 SAMI 项目的领导者。

　　SAGE III 测量了众多气体、云和气溶胶（悬浮在大气中的微小颗粒），它最重要的功能就是测量臭氧层及其他随时间的变化情况。SAGE II 和 III 带回来的臭氧数据已成为全球臭氧研究科学家们实施全球臭氧测量时的"黄金"标准。此外，SAGE 数据还有助于了解火山爆发对气候及全球臭氧大气化学的影响。火山喷发产生的气溶胶被带到平流层，可让地球表面降温。为了研究气候变化，必须在全球范围内量化分析这些气溶胶。

　　20 世纪 80 年代，氯氟烃或氯消耗上层大气臭氧的问题在全球范围内引发了争议，有人认为这些气体导致极地地区的臭氧层出现空洞。当时，制造商将氯气（以氟利昂形式存在）和其他气体用于空调、制冷、电子部件清洁等用途，它们产生的气体消耗了位于大气上层的臭氧。上层大气的臭氧保护人类免受太阳紫外线的伤害，而紫外线则是皮肤癌的元凶。当人们弄清这个破坏臭氧层的机制之后，值得称赞的是，全球的化学品制造商开始限制生产某些氟氯烃

（如氟利昂）。制造商认为，科学信息、方案和模型当时正在准确预测氯氟烃对臭氧的影响。如果没有SAM-SAGE系列卫星项目这样的实验、仪器和计划，这一切不可能成为现实。

鉴于SAGE卫星对臭氧和气溶胶长期测量的重要性，继2015年3月SAGEⅢ升空后，NASA准备再发射一颗SAGEⅢ卫星，让其在国际空间站上飞行。麦考密克博士是这个任务的项目负责人，与国际空间站挂接的第四颗卫星将于2016年发射。

通过范登堡空军基地发射TIMED卫星时，其卫星仪器是使用宽带发射辐射的大气探测器，简称SABER，而拉塞尔博士属于其中的项目负责人。SABER研究太空边缘的高空大气，旨在调查太阳光线与高空气体的相互作用，以及它们对我们生活的低层大气层的影响。SABER以独特而连续的方式长期记录了高层大气的变化情况，反映该区域的大气对太阳能输出变化的敏感程度。SABER有趣地发现，某些气体就像天然恒温器，当太阳风暴在地球上引起的带电粒子流动导致大气升温时，高层大气只用几天就能恢复到原本的低温状态。SABER由位于犹他州洛根的犹他州立大学空间动力学实验室建造，是拉塞尔博士领导的一支国际科学家团队。

SABER和SAGE项目的真正有趣之处在于，它们之间覆盖了地球大气的大部分区域，下至飞机飞行的高度，甚至低至人类生活的大气区域即对流层。这是科学、研究和创新结合的最佳典范！

然而，还不止于此。2005年，背负着测量全球大气气溶胶和云团使命的CALIPSO（用于云气溶胶激光雷达和红外探测器卫星观测）发射升空。CALIPSO提供的这些数据可以帮助人们了解并预测气候变化。汉普顿大学是CALIPSO整体团队不可或缺的成员。麦考密克博士作为全球科学界的领导者和最先使用CALIPSO所采用的激光技术的科学家，担任了CALIPSO项目的联席项目负责人，负责协助NASA项目负责人开展科学领导方面的所有工作。汉普顿大学也负责管理全球验证工作，开展教育和公众宣传活动，并协调国际科学咨询小组的工作。麦考密克博士是NASA早期激光实验的项目负责人，这些实验包括航天飞机上的空间激光雷达技术实验（LITE）。

CALIPSO的其他国际合作团队成员包括NASA Langley，项目领导者；NASA戈达德太空飞行中心（Goddard Space Flight Center），提供整体计划管理；法国国家航天局（French National Space Agency）；国家中心空间研究中心（Center National d'etudes Spatiales, CNES），提供PROTEUS航天器并监督航天器运行；鲍尔航天科技公司（Ball Aerospace and Technologies Corporation, BATC），制造卫星和广域摄像机；以及法国拉普拉斯科学院（French Institut Pierre Simon Laplace），提供红外传感器。

创新活力二人组中的詹姆士·拉塞尔博士构思出了下个卫星计划，他称为"中间层的冰高层大气物理学"（Aeromony of Ice in the Mesosphere, AIM）。拉塞尔博士表示，他选择这个名称，是希望利用夜光云（Noctilucent Clouds）科学来探清夜光云的形成和变化原理。正常的云在地表以上6英里或8英里处形成，而夜光云则形成在非常寒冷的极高海拔地区，距离地表50英里。1999年6月，科罗拉多州和犹他州出现了大面积的夜光云，引起了公众的高度关注。在极地夏季的中间层中，这些云非常常见，但在如此低的纬度看到这些云就很反常了。发生这个事情时，关于全球变暖的讨论也在升温，夜光云理所当然地引发了科学家和普通人的大量关注。

当汉普顿大学提交AIM提案时，NASA科学任务理事会的招标工作已经收到了约40份标书。NASA随后从其中选择了7份标书以研究概念策略。与汉普顿大学竞争的还有六所高校，分别是波士顿大学、斯坦福大学、约翰·霍普金斯大学、科罗拉多大学、华盛顿大学和NASA戈达德太空飞行中心。在拉塞尔博士和汉普顿大学团队的努力下，汉普顿大学的创新设计被NASA的飞行项目选中。

汉普顿大学成为NASA历史上第一所也是唯一一所拿下NASA项目100%控制权的传统黑人大学。100%控制权意味着火箭、卫星运行、仪器、科学和外联工作由汉普顿大学全权负责。拉塞尔博士担任项目负责人，统领这个项目各方面的工作。

AIM项目不仅向世界展示了汉普顿大学在大气科学方面强大的专业实力，而且还有很多其他好处。对本科生和研究生而言，这个项目不但能在工作、学费、书籍、费用和保险等方面给他们带来好处，让他们跟随教员参加实地研究项目，而且，更重要的是，参加这种世界级研究项目有助于他们完成硕士和博士学业。除此之外，项目团队还与汉普顿大学计算机科学、化学、工程、物理和数学专业的教授开展了研究合作，汉普顿大学的学生与教员也因此与其他高校有了更多的合作。

与此同时，汉普顿大学大气研究卫星项目还有个好处往往被人忽视了，那就是它产生的巨大的经济影响。例如，除了教职员工和学生因为这个项目直接获得经济利益以外，负责建造火箭、卫星和飞行器具的公司还创造和保留了许多就业岗位。他们的工人和学徒会购买或出租房屋、购买汽车、在餐馆吃饭、在商店购物等，这都会放大该项目的经济影响。显然，创新带来的是皆大欢喜的效果。

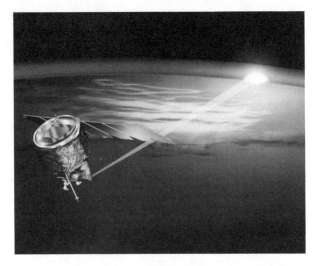

AIM 卫星

作为一名外行人，我认为汉普顿大学的卫星项目旨在发现与预测。无论是SABER、SAGE、CALIPSO、AIM，还是未来的科研项目，其主要目的在于探索太空现象，改善地球。

从许多方面来看，这与大公司使用大量数据来开发预测消费者行为的计算模型并没有多大区别。银行、零售巨头、信用卡公司、汽车制造商和其他公司，都会利用数据构建模型以协助确定消费者支出、阅读、旅游和观看模式。这些公司建构模型的主要目的就是预测买家在什么情况下会做什么事情，汉普顿大学最前沿的大气研究也是如此。试想，若能拥有预测森林火灾、飓风和龙卷风的能力该有多好。基于大量数据开发出来的模型可以预测西海岸的失火、中西部和南部的龙卷风，以及海湾和东海岸的飓风，从而可以挽救生命。正是由于NASA和汉普顿大学等机构的创新精神，我们才会在这些方面不断进步。

对于学习领导力的学生，我想请你们注意团队合作和支持的重要性。这些优秀的科学家之所以能够发射卫星并探测电离层，也是借助于团队合作和支持，正是因为有团队护航，他们才能安心地做好自己的工作，他们能够接触到我和其他上层管理人员，同时也能获得必要的资源，我相信这让他们觉得自己深受重用。与此同时，汉普顿大学给他们开出优厚的薪水，因而他们能够安心地留在这里，没有另谋发展。

非裔美国青年城市压力项目

非裔美国青年城市压力项目由吉娜·麦吉（Zina McGee）带领的汉普顿大学教员团队予以实施。这项富有创新精神的研究工作关注我们社会中最重要、争议最大的两个因素，即非裔美国城市青年施加和承受的暴力与伤害。

研究暴力、伤害及其后果具有重要意义，因为在美国的很多城市中，暴力犯罪在以惊人的速度继续恶化。这些犯罪的反常和可悲之处在于，绝大多数的受害者和施暴者都是黑人。从1980年至2008年，司法统计局近30年来的资料表明，几乎高达93%的黑人被害者死于其他黑人之手。2008年的数据显示，黑人对黑人的暴力犯罪占暴力犯罪总数的64.7%。其他分析数据显示，虽然总人口中的谋杀犯罪案例数始终在下降，但是黑人的谋杀犯罪案例数从2000年的5307起增加到了2010年的5942起。[1]《美国医学杂志》（*The American Journal of Medicine*）2016年4月刊上的文章"年轻黑人男性的凶杀死亡率：美国的新悲剧"（*Mortality from Homicide among Young Black Men: A New American Tragedy*）称，谋杀是导致年轻黑人男性死亡的主要原因。此外，研究表明："黑人男子因凶杀而死亡的可能性比白人男子高6倍，犯谋杀罪的可能性比白人男子高7倍。1/8的美国人是黑人，但所有被杀害者中有半数是黑人。"[2]佛罗里达大西洋大学的查尔斯·H.尼肯斯（Charles H. Hennekens）及其合著者称这种现象是"流行病"，首先需要得到公众、卫生保健专业人员和其他人的关注。他们说："死亡是不可避免的，但是过早死亡（包括年轻黑人的死亡）却并非不可避免。"[3]

公众就这个现象因谁、因何而起，以及应该如何应付掀起了激烈的讨论。很多人趁机渔利，包括政治家/广播和电视台的主持人、活动家、某些有线网络及其他人，他们试图直接或间接地归咎于白人种族主义。他们攻击黑人失业率高、K-12辍学率不可容忍、贫困、健康差距不均衡、黑人社区市政服务水平低下等问题。

其他持不同观点者把问题归结为缺乏可靠的工作伦理、缺乏道德指引、坐享其成的心态、治理腐败、容忍犯罪和公共学校教学质量差等。还有人把矛头指向特定团体、个人和组织，说他们通过煽动种族间紧张情绪以建立"家庭手工业"。很多人则对政治家和其他人士感到恼火，因为后者以犯罪率居高不下、学校质量糟糕、社区衰败和缺乏法律意识为借口，为各种运动"拉皮条"。

不同的阵营有不同的观点，究竟怎样才能有效地解决问题呢？首先，应该认识到黑人社区中（尤其是美国城市中的黑人社区）的家庭日益分崩离析，这是导致暴力等诸多弊病的根本原因。2010年，美国人口普查局报告称，65.3%的黑人新生儿都是未婚母亲所生。白人妇女和西班牙裔妇女的未婚产子率分别是32.9%和80.6%。[4]这些统计数字，连同高得吓人的黑人对黑人暴力犯罪率（64.7%）和黑人对黑人谋杀犯罪率（93%），应当促使全国的各派领导者积极地采取行动。幸运的是，越来越多的非裔美国人已经团结起来，他们承认，虽然我们的社会中存在着种族主义，但黑人社区必须自己消除或减少犯罪、吸毒和黑人家庭的解体。

黑人民众，包括其活动家们，不仅应抗议白人对黑人的伤害，也应对黑人自相残杀感到同样的义愤。记住，在针对黑人的犯罪中，有64.7%都是由其他黑人实施的，被杀害的黑人中有93%死于其他黑人之手。对于那些恐吓黑人社区中的黑人妇女、儿童，特别是年轻人的帮派，我们举行过示威游行吗？对于那些戕害众多市民的毒品贩卖点，我们举行过抗议游行吗？对于黑人肆意屠杀黑人的行为，我们举行过抗议游行吗？当白人杀死黑人之时，我们会示威、游行、抗议，但当黑人被黑人杀死之时，我们却几乎沉默不语。只有黑人才可以消灭黑人之间的自相残杀。

要让黑人不再自相残杀，首先就要着手于家庭。家庭应该建立的第一条秩序，就是让更多男人回归家庭生活。男人必须拿出勇气来，和女人共同承担养育子女的责任！

现代世界中，青年人面临着诸多挑战，即使是双亲家庭也很难为孩子提供积极的指导。而在只有母亲、祖母或阿姨的家庭，这个女人既要赚钱、照顾家人、维持纪律、掌勺做饭、管理家务，还要履行家庭户主的其他职责，指望她为孩子提供指导几乎是不现实的。

孩子们，尤其是男孩，需要家中有个男人做榜样。他们需要被教导如何成为男人，这不是说要让他们学习如何繁衍后代，而是要让他们了解负责任的个人行为非常重要，让他们认识到妇女应该受到尊重。无论男孩、女孩，都应该学会尊重工作，在他们长大成人以后，良好的工作伦理会带给他们丰厚的回报，无论是临时工的最低工资还是最初的起薪。

有个同事最近通过例子告诉我，如果我们想要在改善社区方面取得任何进展，我们就必须消除某些行为。她告诉我，她身为大学生的17岁儿子在参加完暑假补习班后回家，她建议他找份临时工作，他却回答说，因为任何工作都只会向他支付最低工资，所以即使去打工，在返回大学之前这个月里，他也只能赚到225美元左右，所以他没兴趣去打工。这种想法对于男人的自我成长和职业发展都是不利的。想想，有225美元在手，他可以购买书籍、衣服、洗浴用品或其他必需品，甚至还可以从中拨出钱来与女朋友约会。

这种态度与那些将社区失业和不守法律归罪于企业和资本主义制度的人的主张并无不同。这里有个反映这种思维的好例子。2013年，沃尔玛计划在华盛顿特区开设3家零售商店，包括几家杂货店。市长支持沃尔玛的入驻，因为据《华盛顿邮报》称，沃尔玛此举将为没有优质商店的地区带来就业机会和商店。特区市议会以8∶5的投票结果通过了这项议案，但规定沃尔玛这样的大型零售商支付的工资要比"最低工资高出50%"。[5]当时，全国最低工资为每小时7.50美元，而特区的最低工资为每小时8.50美元，特区议会于是要求沃尔玛支付每小时12.50美元的时薪。据一位议员说，这是为了给工人提供"基本生活工资"。其他城市也遭遇了这类"基本生活工资"策略。芝加哥市议会几年前通过了类似的法案，但市长否决了此法案，议会无法驳回市长的否决，商店最后建成了。[6]

在华盛顿特区的这个例子中，沃尔玛暂停其计划，于是该区最贫穷的地区因此错过了零售店和杂货店，以及大约1800个工作岗位。我不知道大家为何不能在最低工资问题上找到折中点。此外，我也想知道，如果由民众而非政治家和活动家们投票，他们是会选择时薪12.50美元却没有工作呢，还是会选择时薪8.50美元却有1800个杂货店和服务业工作岗位呢？

黑人社区万万不能让政治家和其他人负面控制其生活与街区。虽然很明显，家庭对年轻人的影响最大，但除了家庭之外，还有其他因素会产生影响。学校、教会、男孩和女孩俱乐部、社区组织、社会和公民俱乐部和个人，都能产生积极的影响。所有年龄阶层的人都应该勇敢地站出来，大胆抗议破坏少数族裔社区的暴力、毒品和其他毒瘤。家长、教员、警务人员、牧师和活动家们可以建立联盟，以便了解、引导、指导和支持年轻人走向成熟。

联盟之内也可以组成联盟。例如，黑人神职人员可以恳求地方或地区警力，与他们建立合作伙伴关系或让其担任辅警。此举对警方有利，因为这些神职人员可以为警官提供咨询和支持。警察看到社会的阴暗面，时常接触枪杀、谋杀、自杀、强奸受害者、事故和其他争端。身为人类，他们难免会受到影响，有时是负面影响。在他们需要时，若能得到安慰和咨询可能对他们有所帮助。

此举对黑人社区可能也有莫大的好处。牧师可以以辅警的身份访问男孩和女孩俱乐部，与社区青年进行交谈，回答他们的问题，向社区青年提供领导、指导和咨询。

此外，鉴于警察在许多黑人社区受到怀疑或不受欢迎，黑人牧师出面有助于协助消除两者之间的矛盾。辅警人员可以代表警方去接触不信任警方的居民。牧师们身穿辅警制服，有时还陪同警员调查事故、犯罪和其他骚乱现场，有机会帮助黑人社区熟悉警方及其目的。

如果非裔美国人要解决、减少这些日益增长的问题，社区成员就必须改变对反常行为的消极态度。如果社区领导者真正了解暴力受害者所遭受的痛苦，或许他们会更乐意采取积极行动来寻求解决办法，这就是"非裔美国青年城市压力项目"如此重要的原因。

麦吉博士及其教员和学生团队的总体目标是确定并了解暴力对受害者的影响。了解情况之后，下一步工作将是制定干预策略。这个研究项目希望达到三重目的。

- 确定汉普顿路社区的儿童遭受暴力的程度。
- 研究恐惧和暴力对年轻人个性的影响。
- 更好地了解暴力受害者采取的应对策略。

除了麦吉博士和她的教员团队外，这支研究团队由学生组成，这些学生在此项目中发挥了重要作用。让学生参加本项目的做法，体现了麦吉博士在领导研究工作中的创造力。学生参与了方方面面的工作，包括形成概念、查阅文献、收集和分析数据、访谈、会议报告，以及发表研究结果。特别令人感动的是，学生团队的成员向一名6岁的强奸受害者提供了援助。他们的干预不仅为这个孩子带来了安慰，还帮助这些大学生感受到了暴力对儿童的影响。

除了完成既定目标之外，这个项目还具有创新精神，具体体现在下面几个方面。

第一，在本研究项目之前，绝大多数分析都在比较非裔美国儿童与白人儿童对暴力的反应方式。汉普顿大学的这个研究项目是单种族抽样调查，研究的是非裔美国人群内部的反应和差异。

第二，以前的大多数分析并没有对与枪支和毒品有关的暴力事件进行深入研究。这项研究解决了这个问题。

第三，"虽然很多城市都深受暴力的影响，但近年来却很少有研究探讨受害和危险行为对居住在这些长期充满暴力的街区的儿童和青少年在心理健康和发展方面的影响。"[7] 而这些不良影响可能会导致他们难以正常应付日常生活。

此外，以前大多数研究也没有对市中心区的年轻人做过抽样调查，所以它们关于受害情况的数据是推测性的，不代表实际情况。本项研究则通过抽样调查获得了真实数据，明确建立了新的知识体系，对于有意为此创建干预解决方案的相关执业人员和心理健康专家来说，这个体系极为有用。这次研究还了解到青少年持枪和遭受枪支危害的情况。调查发现，16%的人曾经持过枪，11%的人曾经持枪出门，5%的人携带过自动或半自动手枪，4%的人携带过左轮手枪，2%的人携带过霰弹枪，1%的人携带过步枪。13%的人表示携带武器是为了防身。13%的人称受过持枪威胁，12.3%的人称受过持刀威胁，13.4%的人称受过其他武器的威胁。6.5%的人曾被枪击，5.9%的人曾被刀刺，8.1%的人曾被其他武器伤害。

最后，研究显示"因为受到伤害及遭受暴力威胁而出现创伤后应激障碍症状的学生比例更高"。[8]下表应该能够触动所有不了解或消极对待暴力及其后果的人士。

暴力对受害者造成的心理社会影响

症状	比例
学习困难	47.9%
睡眠困难	34.1%
记忆障碍	49.6%
焦虑或抑郁	45.8%
噩梦	43.0%
害怕离家	11.0%

麦吉博士和她的团队所收集到的经验数据对社会大有价值，让世人能够更好地了解暴力受害者使用的创伤修复应对策略。这意味着，心理健康专业人士和其他人能够制定更好的干预策略，或者根据情况采取不同的干预策略，以便遏制暴力事件。

Ecstasy 研究

此外，还有个非常有趣的创新项目，那就是药学院四名杰出的科学家开展的Ecstasy药物（编者注：Ecstasy即"摇头丸"，毒品的一种）研究。这个项目由4个项目负责人负责每个子项目。其中，药学院院长休·麦克莱恩（Hugh McLean）是第一个子项目的项目负责人，也是整个项目的项目总监。迪尔德丽·J.约翰逊（Deadre J. Johnson）、杜成安（Chengan Du）、西蒙·黑丽格（Simone Heyliger）是其他子项目的项目负责人。汉普顿大学之所以启动这个研究项目，是因为Ecstasy已经成为我们社会的重大问题，多年来使用它的人数呈指数级增长。

大多数情况下，人们将Ecstasy作为药片服用，尽管这种药物的化学结构决定了可以将它注射到体内。很多人为服用Ecstasy找到了正当理由。例如，它有壮阳的功效，可以抑制食欲、减轻体重等。但是，他们却不考虑这种药物的副作用。例如，在兴奋感消退之后，人会产生抑郁感。通常情况下，人们会希望继续服用此药以维持欣快、愉悦的感受。

公众普遍认为服用Ecstasy的人主要是青少年，这种观点是不正确的。事实上，服用这种药物的人数大大增加，其中包括家庭主妇、中产阶级妇女、专业人士，以及市中心和郊区居民，而且已知女性服用者的增长速度超过了男性。

关于为何有越来越多的女性服用Ecstasy，人们做过了数种推测。人们认为Ecstasy是一种具有其他功效的安全药物，当然这种想法是错误的。所谓的其他功效包括抑制食欲，不做任何努力就能减肥；服用后人会变得很有精神；改善心情；可能还能壮阳。

麦克莱恩博士表示，无论出于什么原因使用该药物，它和其副产物都会导致大脑中的5-羟色胺能神经元和其他神经元受到破坏。5-羟色胺是参与调节睡眠、情绪、抑郁、记忆和体温等众多生理过程的神经化学物和递质。5-羟色胺综合征也可能导致致命的病症。

因此，由于Ecstasy对5-羟色胺能神经元的破坏作用，它不仅会对身体产生若干负面影响，甚至可能会导致死亡。事实上，若干研究表明，服用Ecstasy的青少年可能会在20多岁时患上帕金森病或阿尔茨海默症等疾病。

异常行为也是神经元受损的副产物。例如，如果在"狂欢"聚会时服用这种药物，很多年轻人就会想要整夜跳舞。因为跳舞让他们感到热，所以他们会喝大量的水，吹风扇和开空调降温。据麦克莱恩博士介绍，Ecstasy的致死案例往往与人体温度调控机制出现异常有关。如果体温升高到106华氏度（编者注：约41摄氏度）以上，人就有生命危险。

汉普顿大学研究人员认为，Ecstasy的最大问题是人们错误地认为它是安全药物。他们知道这种药会导致5-羟色胺能神经元等神经元遭受破坏，但是造成破坏的不是Ecstasy本身，而是它在生物转化过程中产生的副产物。他们试图证明，原始化合物经过肝脏转化后产生的副产物不仅具有危险性，而且对大脑中的神经元有致命的破坏作用。有时候，化合物的副产物比化合物本身的毒性更大。例如，汉普顿大学研究人员知道，若将药物Ecstasy作用于某些关键的脑区域，其实观察不到口服或静脉内注射时出现的神经元破坏情况，这表明破坏这些神经元的不是Ecstasy。研究人员认为这种药物经历了某种生物转化，被身体代谢或分解成了副产物，这些副产物则是造成抑郁和异常行为等负面影响的源头。

这个现象颇具讽刺色彩。因为通常情况下，大脑是受保护的区域，会选择性地排除高极性物质，而身体在分解某物质时，通常会将其转化为更高极性和更易溶于水的物质，以便轻松将其排出体外。汉普顿大学的研究人员试图理解这些分解产物的输送模式，以及它们为何被运送到大脑中。此外，他们还想知道这些副产物如何进入大脑及此后的影响。这些未知领域催生了这个创新研究项目。我们希望通过这项研究为科学界争论不休的问题找出答案。这个项目的出资方在5年内为汉普顿大学团队提供了210万美元的拨款。

这项研究工作设定了多个具体目标。麦克莱恩博士带领的研究小组负责合成或制作特殊化合物，以便能够衡量Ecstasy对大脑各个区域的影响。他们的研究思路是，如果拮抗剂或化学阻断剂可以逆转Ecstasy对细胞受体的负面影响，或许就能阻止细胞凋亡或死亡。此外，他们还试图通过引入潜在的拮抗剂来识别哪些代谢物才是罪魁祸首。其研究思路是，如果拮抗剂可以逆转代谢物或潜在代谢物的作用，那么，就可以用某些药物让上瘾者康复。这项研究成功地生成了Ecstasy的一种潜在代谢物。

第二个具体目标是评估Ecstasy对神经细胞的毒性。Ecstasy真正的代谢物是什么，以及分解产物是什么。在杜博士的带领下，他的团队使用人类肝细胞来培育Ecstasy，以便利用各种技术来分离和鉴定副产物。他们希望借此确定Ecstasy的代谢产物与它产生并可能引起细胞凋亡的神经毒性之间是否存在相关性。分析结果发现，接触到Ecstasy及其代谢物以后的5-羟色胺细胞变得更加敏感，同时试验结果也证明了这些细胞的活力下降。

第三项研究也由杜博士领导，是使用人类肝细胞开展重点研究神经毒性机制的体外试验。通过让Ecstasy与肝脏中发现的水溶性物质发生反应，来评估Ecstasy代谢物形成的直接证据。这种水溶性物质称为谷胱甘肽，没有它，身体排除外来毒素的能力就会大大降低。在本试验过程中，他们开发出了用于分析Ecstasy及其代谢物的质谱法和高效色谱法。杜博士的团队首次证明，使用人体肝细胞进行体外试验可以形成Ecstasy的谷胱甘肽代谢物。[9]

最后一项研究由黑丽格博士领导的团队实施，目标是证明Ecstasy和其副产物的负面影响存在遗传倾向性。由于不同的人有不同类型的5-羟色胺转运体，所以需要查明哪些特性产生了不同的副作用？哪些人比其他人更容易受到影响？为什么有些人比其他人更容易受到代谢中毒的影响？哪些转运体负责将Ecstasy代谢物从血流运送到大脑中？

为了寻找这些问题的答案，黑丽格博士的团队将Ecstasy代谢物激活成死亡受体（FasL）。这个科学手段通过向死亡受体提供代谢刺激，迫使细胞或神经元自杀。试验结果表明，长期接触Ecstasy及其代谢物以后，可以激活死亡受体并且将信息从肝脏传递到脑神经的通道，进而诱导神经细胞死亡。这是一个重大的突破，因为在这次研究中"首次观察到了Ecstasy副产物通过激活死亡受体及其通道诱导细胞凋亡"。[10]

这项突破性研究产生了若干创新成果。这些杰出的研究人员和科学家将会给我们带来更多佳音！

前沿物理学中心

谈到富有创新精神的教员和项目，就不能不提到基思·贝克（Keith Baker），他是汉普顿大学最优秀的教员之一！在这个部分，我将向大家介绍在贝克博士的领导下取得巨大成就的两个世界级项目。

1999年，美国科学研究的主要资助机构国家科学基金会（NSF）决定改变他们资助物理学研究的模式。NSF的官员们决定不再向不同的大学和机构提供众多个人和团体资助，而是集中选择几家团体，把推动物理学革命、突破物理学现有思想格局的重任托付给他们。NSF想要鼎力资助科研团队，以便其成员无须担心每年如何撰写新拨款提案。这样，这些人就可以完全专心研究特定的物理问题或研究目标。因此，NSF发布了广泛机构公告，邀请美国所有机构参与竞逐。57所大学应邀提交了申请。汉普顿大学在基思·贝克的领导下，也参加了这次竞争。据贝克博士说，这是一个漫长而艰苦的过程，需要几年时间才能完成。经过非常激烈的竞争之后，NSF初步选择在4所大学设立前沿物理研究中心，它们分别是汉普顿大学、芝加哥大学、密歇根大学和宾夕法尼亚州立大学。

选择汉普顿大学有几个原因。其一，我们对粒子和核物理学的关注，以及在该领域的出色成绩颇受NSF项目审查人员的好感；第二，汉普顿大学在物理学领域声誉卓著，长期都有不俗的表现。这要归功于我们高质量的物理学教员和研究人员，如基思·贝克、辛西娅·凯珀尔（Cynthia Keppel）、帕特里克·麦考米克（Patrick McCormick）、德米特里·维纳布尔（Demetrius Venable）、詹姆士·拉塞尔（James Russell）和唐纳德·里昂（Donald Lyons）；第三，虽然没有"少数族裔预留配额"这个政策，但是NSF很高兴地看到，我们这所传统黑人大学在缺少NSF资助的情况下还能将物理学办得这样好。NSF乐意看到汉普顿大学安排许多少数族裔学生、博士后及传统上很少从事物理学领域工作的群体参与这个项目。

由于贝克博士的卓越领导能力，以及教员、博士后和学生团队的努力，汉普顿大学与其他56所成熟的优秀大型高校展开了竞争，并且在粒子和核物理学这个物理学子领域占据了主导地位。粒子物理学家探索宇宙的物质、能量和其他特征，希望能够更好地了解它们之间的力量。他们的研究方法是在专门设计的检测器中用加速粒子撞击彼此或指定的靶标，然后这些粒子会产生将物质转化为能量的新粒子。

受命设立前沿物理学卓越中心一事，让汉普顿大学的物理学科研实力真正得到了科学界的关注。在NSF选定的四个中心之中，只有汉普顿大学被选中研究粒子和核物理学，其他三所中选大学的研究中心则研究光学、重力和宇宙学。

NSF资助的前沿物理学卓越中心让贝克博士及其同事得以创办物质起源与结构中心（Center for the Origin and Structure of Matter, COSM）。COSM主要有3个任务：开展物理学研究；建立由大约20

所传统黑人大学组成的社团以从事这个新物理学研究领域的工作；向众多有意者提供推广、协作和教育服务。

研究主要集中在两个领域：一是宇宙中的物质和能量；二是在弗吉尼亚州纽波特纽斯的杰斐逊实验室开展的核物理研究。汉普顿大学的物理系在实验和理论物理学方面与杰斐逊实验室保持长期合作。

HBCU社团旨在为许多少数族裔科学家提供机会，以使他们能够研究全球科学界关注的新物理学。这个边缘化科学家团体完全有资格为深层次分析做出贡献，但由于缺乏资金资助而无法如愿。

为了开展推广和教育活动，COSM组建了K-12教师网络，以便K-12教师能够参加暑期研究和教育活动。这样做不仅能让教师受益，而且还能发挥乘数效应，让其K-12学生也从中受益。这些教师都像所有研究生、本科生及博士后那样获得了津贴和学费支持。

不同的理论和新的思想模式正在改变世界上众多最优秀的物理学家对宇宙的看法。富有创新精神的COSM和贝克博士即将为这个新秩序做出宝贵的贡献。

贝克博士表示，在人类迈入21世纪时，物理学家对宇宙的看法已被证明几乎完全是错误的。他们认为，宇宙由恒星、星系、行星，小行星和黑洞组成，而这些实体之间则是广袤的真空，但是这个想法是不准确的。30%的宇宙由某种不明物质组成。许多理论都在分析这种物质究竟是什么，但是由于它不同于实验室中制造及物理学家们研究过的所有东西，所以它们被称为暗物质。

如果宇宙的30%由科学家声称的所谓的暗物质组成，那么，汉普顿大学团队认为，大概宇宙有70%是由所谓的暗能量组成。没有人有证据证明暗能量是什么，但它正在促使宇宙加速膨胀。此外，宇宙不仅在膨胀，而且还在升温。另外，暗能量还在抵消重力。

物理学家知道，在受控环境中让粒子彼此撞击可以产生新的粒子。因此，贝克博士表示，无疑，粒子和核物理学家将率先识别这种未知阻力。

在这种情况下，汉普顿大学对暗物质和暗能量的探索能够引爆这么多热情，激发人们如此大的关注其实是完全可以理解的。人们对世界的认知正在改变，新宇宙观的问世将彻底改变人类对物理学的科学认知。汉普顿大学团队认为，相对于正在研究暗物质和暗能量的新物理学，牛顿和爱因斯坦的研究成果很可能变得不准确。世界各地的物理学家正在研究这种现象，但汉普顿大学是美国唯一一个从粒子和核物理学角度研究这个物理学新领域的前沿中心。贝克博士和他的团队知道，要想真正理解和描述暗物质与暗能量，那就只能在地球上的实验室里产生和研究它们。

开发乳腺癌检测装置

最后的这个反映汉普顿大学创新文化的例子是个旨在开发乳腺癌检测装置的项目。这个项目的领导人是才华横溢且极富成效的辛西娅·凯珀尔，在第9章"勇气"中，我会再次提及她。乳腺癌是美国和西方世界的主要疾病。据估计，美国有1/7的妇女被诊断患有乳腺癌。这种疾病最常见的检测方法是通过乳房X射线造影术或乳腺X射线检测，其依据是癌组织比健康组织更致密。

凯珀尔博士举例说，在任何身体部位的标准X射线照片中，都很容易看到骨骼，这实际上是由于骨骼吸收了更多的X射线从而产生了阴影，这与树木吸收阳光进而在地面上产生阴影的原理相同。因此，癌组织比健康组织更能吸收电磁波。依据这个原理，医生可以更清楚地观察到乳腺癌肿瘤。

虽然有些人认为这种检测方法有争议，但乳腺X射线造影术已被证明为美国的乳腺癌诊断和筛查做出了巨大贡献。专家建议女性从40岁开始，接受乳房X线检查，因为癌症越早发现，就越有可能被根除。

我之前提到这种检测方法"富有争议"，是因为乳腺X射线造影术仍然存在问题。主要问题是检测结果不是非常准确。虽然文献记录的百分比不同，但是综合来看，乳房X射线检查对癌症的检出率大约只有85%，还有15%的患癌妇女可能因为疤痕、植入物、以往手术和乳房组织更为致密等原因而无法被查出。

还有个严重的问题就是，乳房X射线检查出的所有疑似癌症病例中，大约只有30%确实是癌症。有人会问正确率低有什么问题，答案是X射线查出癌症后，接下来就是活组织检查，也就是通过外科手术切下小部分乳房，然后交给病理学家，通过显微镜下观察以确定细胞中是否有癌细胞。乳房X射线检查的确诊率只有30%，就意味着美国妇女接受的乳腺活检手术中有70%其实是不必要的。

凯珀尔博士率领汉普顿大学团队与托马斯·杰斐逊国家加速器实验室（Thomas Jefferson National Accelerator Facility）合作，希望通过技术创新来解决这个问题。他们开始技术研发，以便在乳腺X射线造影之后和切片检查之前进行干预，他们将这个技术称为"伽马相机"，希望利用这个设备减少不必要的活检，旨在减少因疑似癌症诊断而导致的不必要的痛苦。这项工作的意义在于：第一，可以帮助疑似癌症患者减少不必要的恐惧；第二，活组织检查会产生组织创伤，虽然只切除小部分乳房，但毕竟是手术，而且其成本高昂，如果使用医院的手术室尤其如此。

凯珀尔博士和她的团队开始研究"功能成像"技术。X射线基于结构和密度来识别癌症，功能成像则是基于细胞。利用功能成像检测癌症时，其依据是细胞或实际患病组织的功能，而非癌细胞的结构。其理论依据是，当患者被注射特定放射性物质后，该物质会优先进入癌症部位，继而表现出放射性。

凯珀尔博士的研究团队想要制作特定的检测器，以便在特别设计的空间图上能够感测到放射性物质，然后借此检测到癌症部位。癌细胞快速转移，具有侵略性，周围会有血细胞生长，同时癌细胞会杀死周围的健康组织。因为细胞复制得如此之快，所以它们需要能量。如果向身体注入额外的糖分，快速生长的癌细胞会吸收这些糖分以充当自己的能源。若能在糖分中添加少许放射性物质，则可以准确检测癌细胞。

然后，利用伽马相机就能对细胞正在快速转移的组织进行成像，伽马相机图像就能成为X射线的辅助诊断工具。将功能图像和X射线图像融合以后形成的多模态成像，可以为医师提供更准确的数据。他们可以从图像上看到可疑的致密区域，观察该区域是否有细胞快速转移的现象，并观察该区域是否与细胞积极摄入放射性药物的区域重合。

凯珀尔博士说，他们研发的这项技术可以帮助妇女确诊自己是否患有癌症，如果患癌，还能准确地指出恶性肿瘤的位置。凯珀尔博士和汉普顿大学团队及杰斐逊实验室的研究人员与医师合作伙伴开发出的这项创新技术，实在是功德无量。除了在教学和研究方面的成就之外，她还开发了一款乳腺癌检测设备，该设备为她带来了4项专利。

本章列举的项目说明了汉普顿大学教员的活力和多才多艺。作为校长，我对于汉普顿大学的教员在这些国际研究项目中表现出来的非凡才能感到自豪。

学习领导力知识的人要明白自己在创建和培养创新文化中所起的作用。应该让教职员工自由地探索最疯狂的梦想。他们不应该害怕失败。正如我母亲经常说的那样，"试试又何妨?"

第9章 勇气

《韦氏同义词词典》对勇气的描述是"让人在面对反对、困难或危险时不退却的心态或气质"。[1]第一次世界大战和第二次世界大战中的英雄埃迪·里肯拜克（Eddie Rickenbacker）上尉说："勇敢就是做你害怕的事情。唯有直面恐惧，才有勇气可言。"[2]里肯拜克拥有300小时的飞行作战记录，参加过134次空中作战，摧毁了26架敌机，从失事飞机上死里逃生，第二次世界大战时曾在太平洋中依靠竹筏生存了22天，因此绝对有资格说这种话。[3]

尽管纳尔逊·曼德拉在其人生中展现出了非凡的勇气，但是据说他在描述自己的勇敢行为时却用了"害怕"一词。理查德·斯坦格尔（Richard Stengel）在他的《曼德拉之路》（*Mandela's Way*）中说："尽管很多将他视为标志性人物的人们可能会感到惊讶，但是在我采访他的过程中，他确实曾无数次地告诉我他感到害怕。当在约翰内斯堡被判处终身监禁之时，他感到害怕；当罗本岛的守卫威胁要殴打他时，他感到害怕；当他成为地下逃犯并被新闻界称为

'黑花侠'（Black Pimpernel）时，他感到害怕；当他秘密开始与政府谈判时，他感到害怕；在他被选举为南非总统之前的动荡时期，他感到害怕。他从来不害怕说他害怕。"[4]斯坦格尔认为曼德拉总统教会了他，"勇敢不是无所畏惧，而是学习克服恐惧"。[5]

约翰·C.麦斯威尔在其著作《领导力21法则：如何培养领袖气质》（*The 21 Indispensable Qualities of a Leader*）中写道："勇敢者有万夫莫开之势。"[6]温斯顿·丘吉尔说："勇敢是人类最重要的品质……因为它是其他所有品质的保证。"[7]

在我看来，勇气会被我们内在的渴望激发出来：渴望改善人类的境况；克服困难；做正义公平的事情；帮助别人，甚至哪怕机会渺茫；将界限视为挑战而非限制。此外，尽管可能会受到人身伤害或虐待，人们还是会采取勇敢的行动。在可以避难就易、选择袖手旁观的时候，勇气激励我们去改变世界。因此，不会游泳的成年人会跳进泳池或湖泊中，抢救溺水的孩子。消防员或警察的救人之举固然英勇可敬，但那是他们的分内之事。当普通市民做出这类举动之时，他们内在的勇气和英雄主义就被放大了。

各行各业的人每天都表现出成千上万种勇敢行为。所有这些行为的根本动机就是通过帮助他人来改变世界。虽然世人对勇气的看法和定义并不统一，但是大家普遍认为勇气就是身体上的勇敢。这或许是真的，因为身体上的勇敢往往爆发在生死关头，也能赢得媒体的关注。电视和报纸上时常报道有人为救他人而冲进熊熊燃烧的大楼中或冒着受伤的危险伸出援手。在飓风、龙卷风、暴风雪和洪水等灾害天气中，始终有无数人展现出勇气，冒着受伤的危险去帮助别人。

　　显然，勇气也有其他的表达形式。在第2章"愿景"中，我提到了比尔·盖茨、保罗·艾伦、杰克·韦尔奇、约翰·约翰逊、桑福德·威尔、杰米·戴蒙、沃特·迪士尼和C.J.沃克女士。这些人不但拥有愿景，而且展示出了非凡的勇气——他们迎难而上，为其所在的行业创造出了具有革命力量的产品或服务。还有些人展现出了创业的勇气，如鲍勃·约翰逊（Bob Johnson）、希拉·约翰逊（Sheila Johnson）和厄尔·格雷夫斯（Earl Graves）。当马丁·路德·金、圣雄甘地和纳尔逊·曼德拉挺身而出，捍卫人性尊严并带领其民众摆脱持续数个世纪的暴行和恶习时，可想而知，他们展现出了多大的道德和行为上的勇气。

　　此外，如何评价亨利·O.坦纳（Henry O. Tanner）和马娅·安杰卢（Maya Angelou）在艺术和创造力方面所表现出来的勇气呢？作为闻名遐迩的美国作家和诗人，马娅·安杰卢凭借其艺术作品（其中包括乐谱和电影剧本）而获得了许多荣誉。在安杰卢出版的36本书中，有7本是自传。这些作品中最受欢迎的是《我知道笼中鸟为何歌唱》（*I Know Why the Caged Bird Sings*），该书详细描绘了她在种族隔离的南方的童年生活，以及她遭受的家庭友人的性虐待。这需要极大的勇气才能诚实地向世人和盘托出这件事及其对她生命的破坏性影响。她不仅谈到了被视为"禁忌"的话题，而且完全公开地这样做。因此，这本书在早期被学校列为禁书。然而，安杰卢博士继续勇敢地讲述自己的故事，并与全世界分享她从生活中吸取的经验和教训。

以《班卓琴课》和《感恩的穷人》这两幅画作扬名于世的亨利·O.坦纳，是第一位获得国际声誉的非裔美国画家。坦纳曾于1891年访问巴黎，因为欣赏当地黑人和白人之间更融洽的关系，他鼓起勇气永久迁居法国。他的作品在巴黎受到了广泛的关注。意想不到的是，由于他在欧洲的成功，他的作品在美国流行起来。汉普顿大学收藏有坦纳最完整和最好的画集，其中包括《班卓琴课》《袋管课》《狮头》《植物》《动物》《好牧羊人》《月色》和《哈泽尔主教》。如果坦纳没有迁居巴黎的勇气，他可能就不会在艺术史上留名。

在美国的历史上，曾经有人展现出了巨大的政治勇气，虽然这类勇气在当今社会并不明显。我们只需看看两名伟大的总统：共和党人亚伯拉罕·林肯和民主党人林登·约翰逊。

林肯总统签署《解放宣言》的行为展现了他的勇气。当美国南北分裂陷入内战时，林肯宣布废除奴隶制。面对巨大的反对声浪，林肯总统依然认为有必要这样做。由于他的勇敢，存在了几个世纪的奴隶制被废除了。

约翰逊总统说服国会，签署了1965年《选举法案》（*Voting Rights Act of 1965*），展现出了政治上的勇气。当时，美国的种族斗争非常激烈，针对是否给予非裔美国人平等权利的问题，南部和北部爆发了冲突，内部局势动荡不安。身为南方人的约翰逊公开反对他曾经参与过的制度。他展现出来的领导力和勇气获得了充分的支持，该法案最终成为法律。

罗伯特·W.特里（Robert W. Terry）在其著作《真正的领导

力：勇气与行动》（*Authentic Leadership: Courage and Action*）中说：
"勇气点燃了领导力。"[8]他还指出，亚里士多德认为勇敢不是莽
撞，也不是懦弱。据他说，亚里士多德认为，"莽撞的人无所畏
惧，即使是在面对可怕的疾病和战争时也假装毫无畏惧；懦弱的人
事事害怕，即使是面对朋友和爱人。勇敢介于这两个极端之间，它
能引领人走向高尚"。[9]

正如世上存在身体上的勇敢、创业上的勇敢、艺术上的勇敢、
政治上的勇敢及其他类别的勇敢，制度上的勇敢不仅重要，而且必
须。鉴于我们现在的经济不景气，除了其他素质之外，任何机构比
以前任何时刻都更需要勇敢无畏的领导者，高等院校当然也不
例外。

苏珊·塔达妮可（Susan Tardanico）在《福布斯》杂志上撰文
称："如今，非常需要也非常缺乏勇敢无畏的领导者。"[10]她进一步
表示，"展现领导的勇气——无论是进行令人不快的对话，在不知
底细的情况下与人沟通，或决定推进新项目——都可能令人望而却
步。然而，正是这种行为培养了信任，为他人树立了重要榜样，而
不是让他人坐等暴风雨过去。"[11]很多高等院校习惯了懒散的文化，
因此，必要的变革很难迅速发生。我觉得这种情况就好比航空母舰
比快艇需要更多空间才能完成180度转弯。

太多的学术教授害怕新的想法，他们害怕变化，太多的行政管
理人员安于现状。太多人不想跨越传统的界限，他们龟缩在自己的
舒适区内，没有人可以让他们走出来。

领导者必须承认变化在频繁发生。有环境、政治和社会等方面

的变化，也有经济、教育和文化等方面的变化。有些变化是积极的，有些变化是消极的。无论是哪种情况，领导者都必须学会适应变化带来的挑战。这意味着要有勇气超越极限、挑战和障碍，寻求能够改善事情的解决方案。我们必须与时俱进，否则就会被变化吞没。

有本畅销书名为《谁动了我的奶酪》（*Who Moved My Cheese*）。故事讲的是两只老鼠，它们穿过生活的迷宫去寻找奶酪。当奶酪被吃完后，这两只老鼠需要离开他们的舒适区，前往其他地方寻找新的奶酪。只有一只老鼠勇敢地打破了习惯的枷锁，迎接变化带来的挑战。[12]

这个故事讲的是勇气——单纯地为了获得更多幸福而突破界限和自满的勇气。这个故事是人类精神的胜利，同时也证明了人性的软弱。它指明，领导者必须不断努力理解变化和挑战，勇于探索克服困难的方法和手段。我鼓励我的同事"不要做平庸渺小的梦想"。

同样地，面对反对者、评论家或认为采取其他方法才合适的人，领导者也不能退缩。面对反对，即使你的决定不受欢迎，你也必须有坚持下去的毅力。事无巨细，要勇于坚守自己的信念，勇于坚持正义的事业。领导者不应该容许负面评论和行为对他们的决定产生不利影响。以体育界为例，我们来听听伟大的篮球运动员科比·布莱恩特的退役感言。他说"那些憎恨我，对我发出嘘声、吼叫和诅咒的人"实际上在激励他做得更好。顺便说一句，在他代表洛杉矶湖人队打的最后那场比赛中，他得到了60分。对于学习领导能力的人，我的忠告是：找准立场，保护家人和同事，勇于付出直至有所成就。

我要告诉你，你的想法和观念会经受考验——这是好事。领导者在任何问题上都必须勇于听取和接受他人的意见。但是归根结底，在听取了众多建议、意见及异议之后，你必须勇于去做你认为正确并最恰当的事情。有时你必须承认，无论成败如何，这都是我们要做的事情。

在担任汉普顿大学校长的近40年里，我目睹了许多挑战和变化。在行政管理人员、教职员工、学生、校友，特别是理事会的帮助下，汉普顿大学勇敢地面对变化和挑战，并在这个过程中逐渐成长和兴盛。

汉普顿大学理事会为本校的成功做出了巨大的贡献。理事会是汉普顿大学的治理机构，负责制定政策和战略方向，并履行其法律和信用责任。历史上，若干商业、工业和政府巨头始终是汉普顿大学理事会的成员。前任理事包括标准石油公司的约翰·戴维森·洛克菲勒（John D. Rockefeller）、伊士曼柯达公司的乔治·伊士曼（George Eastman）、杜邦公司的掌门人科尔曼·杜邦（Coleman DuPont）、金宝汤公司主席约翰·多伦斯（John Dorrance）、AT＆T公司总裁威廉·埃林豪斯（William Ellinghaus）、圣乔矿业公司的董事长兼首席执行官约翰·C.邓肯（John C. Duncan）、蓝十字保险公司（Trigon Blue/Cross Blue/Shield）董事长兼首席执行官诺伍德·H.戴维斯（Norwood H. Davis）、著名人类学家玛格丽特·米德（Margaret Mead）、百事可乐董事长兼首席执行官罗杰·恩里科（Roger Enrico）和时任美国总统的威廉·霍华德·塔夫脱（William Howard Taft）。

正是因为有这些人担任理事，汉普顿大学理事会才一直遵循公司模式运作。理事们始终明白，他们的职责是制定政策，而不是执行政策，所以他们不干预大学的日常运作，只是密切关注学校的财政状况，以及政策是否被执行。

汉普顿大学非常幸运理事们在这么多年里明白自己的职责，因为许多院校的情况并非如此。有朋友跟我说过，他们的理事会成员有时会在行政管理团队不知情的情况下会晤校内教职员；迫使招生办公室接收不合格学生；游说学校聘用资质不够的教职员工；甚至要求校工到他们家里做事。在我当校长的近40年里，汉普顿大学从未发生过这类事情。

在这段时期里，我和汉普顿大学非常幸运能拥有如此高素质的领导班子。理事会主席是毫无争议的领导者。曾经担任过理事会主席的人有詹姆斯·J.亨德森（James J. Henderson）、雷·L.利福勒（Ray L. Le Flore）、小温德尔·P.霍姆斯（Wendell P. Holmes, Jr.）、罗伯特·B.宾斯旺格（Robert B. Binswanger）、W.弗兰克·方丹（W. Frank Fountain）和韦斯利·科尔曼（Wesley Coleman），我与他们每个人都建立了良好的、密切的、信任的合作伙伴关系。正是因为理事和行政管理人员相互信任，汉普顿大学才有承担大项目和挑战的勇气。

可以从理事会和行政管理团队批准实施的若干开拓性大型项目看出他们的勇气，这些项目后来成为汉普顿大学的收入来源。汉普顿大学的首个商业开发项目是建造小型购物中心和公寓楼，这个项目名叫汉普顿港，在第6章"财政保守主义"中有其项目图片。这个购物中心包含其他商业设施，如汉堡王、理发店、社会保障管理处、旅行社、自助洗衣店、清洁店、杂货铺、保险机构、书店、银行分行和河滨医院诊所。公寓楼有246套双卧公寓，从当时直到现在，它们始终处于全部租出状态。这个项目得到了联邦政府提供的2292496美元的城市发展行动拨款（Urban Development Action Grant, UDAG）和弗吉尼亚州汉普顿市70万美元的拨款，以及汉普顿大学捐赠基金会提供的9322303美元的贷款。到2013年学年末，本校已经还清了捐赠基金会提供的贷款，并且从这个项目中获得了总计24804002美元的利润。

汉普顿大学从事的其他创业商务项目包括在弗吉尼亚州纽波特纽斯市修建的万豪城市中心酒店。这个四星级酒店拥有256间客房，资金来自大学捐赠基金会划拨的2400万美元贷款。大学捐赠基金会投资的其他酒店包括弗吉尼亚州弗吉尼亚海滩的希尔顿花园酒店（共有176间客房）、弗吉尼亚州弗吉尼亚海滩的威斯汀酒店（共有236间客房），以及弗吉尼亚州黑山堡的希尔顿花园酒店（共有136间客房）。此外，我们还投资了700万美元修建了弗吉尼亚州里士满的里士满办公大楼，这座法务大楼占地200平方英尺，高9~12层，附带有114个停车位和5100平方英尺零售空间。汉普顿大学最新的酒店计划是斥资1400万美元在弗吉尼亚州弗吉尼亚海滩修建凯悦酒店。到2013年6月30日为止，这些酒店带来的收入不但还清了汉普顿大学捐赠基金会的贷款，还创造了8822410美元的利润。

截至2013年6月30日，汉普顿大学的创新创业活动为本校创造了33626410美元的总利润。对于汉普顿大学这种规模的高等院校来说，这笔利润无疑非常惊人。汉普顿港项目的所有利润都归入学生奖学金基金，而其他创业项目的收益则被归入非限制性捐赠基金。学校理事和校长展现出来的创业积极性，不但为汉普顿大学的捐赠基金新增了3000万美元，还让若干青年男女有机会依靠奖学金就读汉普顿大学。

本校投资的其他房地产项目包括在汉普顿市中心购置了面积163963平方英尺的"海港中心"（Harbour Center）办公大楼，这是弗吉尼亚州汉普顿市最高的建筑。这家办公楼的租户包括Travel World公司、Boleman律师事务所、Digital Video集团公司、Faneuil公司、Akima Infrastructure Services有限责任公司、Daniel Wagner Associates、Motor Funding Services有限责任公司、Wide Point Solutions公司、Raytheon公司、All-Tel、AT&T Network Real Estate Administration、Sprint和Lockheed Martin。汉普顿大学对这幢大楼的货币投资达到9239450美元。

海港中心

在弗吉尼亚州纽波特纽斯，汉普顿大学还购买了一栋总面积为100193平方米的顶级办公楼。这座写字楼的租户包括美国太阳信托银行、美国富国银行、Goss and Fendress、POC律师事务所、Divaris不动产公司、美国联邦政府总务管理局、Millennium Engineering and Integration公司、USI保险有限责任公司、Cherry Bekaert有限责任公司、Leidos和US Falcon。这座办公楼也是汉普顿大学西班牙裔/拉丁裔计划的总部。

弗吉尼亚州纽波特纽斯办公楼

汉普顿大学依然坚定地认为，其他收入来源可以为学术和研究计划提供灵活性与价值。学校可以利用各种实体产生的收入，预防传统收入来源的资金下滑。

另一个体现我们在制度创新方面的勇气的例子是，我们创建了如今世界上最大的质子束癌症治疗中心。除了治疗癌症外，这个中心还从事前沿研究。

得知汉普顿大学要创建这个癌症治疗中心时，有人问你们都没有医学院校或医院，怎么能开设癌症治疗中心呢？我的回答是，我们准备建立门诊部，不需要医学院校或医院为患者提供先进的治疗。全职肿瘤医师、医学物理师、剂量测定师、护士、技术人员和行政管理人员会以顶级服务来满足患者的医疗、技术和分析需求。还有人说，既然你们只是一所普通规模的高校，你们就不应该承担这么大的项目。还有人说，开设这样的癌症中心在传统黑人大学中没有先例，我们现在也不应该尝试。我对他们的回答就是，质量、人才、愿望、动力、灵感和创新是没有肤色之分的。

建立汉普顿大学质子治疗研究所（HUPTI）的想法源于一名汉普顿大学校友，她是一名退休儿科医师。这名校友的堂兄弟在被诊断出患有前列腺癌后，开始在全国范围内寻找最佳治疗方案。在研究过各种治疗方案后，他决定不接受手术或传统的放射性治疗。经过调查，他发现质子束治疗是一个可行的选择。于是，他前往加利福尼亚，在洛马琳达大学医学质子中心接受治疗。

这位校友解释说，洛马琳达大学医学质子中心是门诊诊所，这就意味着没有必要住院治疗。患者每天到医院，接受治疗然后离开。她说，因为副作用很少或没有副作用，那些得到治疗的人可以正常生活，包括回去工作，打高尔夫球、购物用餐和去看电影等。

看到一名医师居然对一种治疗模式表现得这么热情，我觉得很有趣。她认为，我校教员在癌症研究和乳腺癌检测装置开发方面的工作非常出色，如果能够开设质子束治疗，前景肯定一片光明。

在和她谈起这件事之前，我对质子束治疗毫无所知。然而，因为它非常有趣，我当天晚上就开始了研究。在接下来的几个星期里我全身心投入质子和癌症的数据之中。除了阅读我能找到的所有相关资料之外，我还打电话给洛马琳达大学医学质子中心、印第安纳大学的中西部质子放射治疗研究所，以及波士顿的马萨诸塞州总医院，当时总共只有这三家质子治疗中心。

在我继续调查的时候，我看到了很多反映癌症泛滥的资料。美国癌症协会在其年度统计报告中表示，在85岁以下的人口中，癌症死亡人数已超过了心脏病的死亡人数，仅次于心脏病的总死亡人数。癌症是35～84岁女性和55～84岁男性死亡的主要原因。1/2的男性和1/3的女性会在人生中罹患某种癌症。我们所在地区（汉普顿路）的前列腺癌死亡率在全美国领先，这确实令人警醒。[13]

癌症可能对少数族裔更具毁灭性。汉普顿大学团队编制的白皮书指出，美国疾病控制与预防中心（CDC）和美国国家癌症研究所（NCI）与北美癌症登记协会（NAACCR）联合发布的第3份《美国癌症统计》（*United States Cancer Statistics*）报告中披露了以下令人不安的事实：黑人男子发病率比白人高出20%，癌症死亡率比白人高40%。黑人的癌症死亡率最高，其次是白人、西班牙裔和亚太岛民。无论人种或种族如何，在男性癌症患者中，前列腺癌发病率最高。黑人男性的前列腺癌发病率平均比白人男子高70%。黑人前列腺癌的死亡率是白人男性的2.4倍。[14]

我们可以从这些统计数据中看到，随着时间的推移，弗吉尼亚州和中大西洋州的人民越来越需要这种治愈力量。需求很明显，同样明显的是，我单枪匹马无法消化这么多数据和关联资料。我知道我需要帮助。

我向极具天赋的物理学教授辛西娅·凯珀尔寻求帮助，她成了我开展这项工作的第一个合作伙伴。没有她，后面的事情就不会发生。凯珀尔博士是物理学副教授，担任弗吉尼亚州纽波特纽斯市托马斯·杰斐逊国家加速器设施的首席科学家。

她的工作成绩令我震撼，她具有令我钦佩的专业知识、工作伦理和创新精神。除了她的教学和研究成就之外，她还开发了乳腺癌检测装置并因此获得了4项专利，我曾在第8章"创新"中对此有阐述。我委托她负责协调所有科技事务，具体来说，就是负责联系生产质子仪器的公司，甄选肿瘤学家、医学物理师、剂量测定师和其他医护人员等。

汉普顿大学商业事务副校长兼司库多萝西娅·斯贝尔斯也是个重要的顾问人员。作为大学的首席财务官，在分析我们潜在的新部门时，她展现出令我满意的业务精明度和判断力。在美国和全球，不乏掌握质子科技技能的人，但很少有人拥有充分的商业头脑，能够了解良好创意与商业成功之间的相互关系。我们必须了解资本市场，包括传统银行和投资银行。我们必须了解债券市场。我们必须了解贷款限额和评级机构的作用。斯贝尔斯女士具备这些知识，利用其领导能力和财务知识完成了上述分析工作。她领导了一支由著名金融领导者组成的团队，其中包括Morgan Keegan财务咨询公司、债券顾问Kaufman and Canoles，外部审计师和债券受托银行——纽约梅隆银行信托公司。她成为我纳入质子计划与分析委员会的第二人。

第三个被我拉入质子团队的人是汉普顿大学副校长兼总法律顾问菲·哈代·卢卡斯（Faye Hardy Lucas）律师。我知道这个项目需要参考不同的法律意见，卢卡斯律师知道如何正确地代表汉普顿大学开展工作。

　　具体来说，除了卢卡斯律师外，我们还使用了四家律师事务所约35名律师的服务。其中23人来自McGuireWoods律师事务所，负责以咨询和法律建议的方式协助我们成立质子中心，并且协助我们获得在弗吉尼亚州开展保健业务所需的公共需求证书（COPN）。托马斯·J.斯托林斯（Thomas J. Stallings）是该项目的首席律师，为项目提供了大量的指导。斯科特·帕特森（Scott Patterson）是宾夕法尼亚州韦恩市的Saul Ewing律师事务所的负责人，他在质子系统采购合同谈判中发挥了重要作用。帕特森律师少量利用了另外3名律师提供的服务。我们的债券律师来自Kaufman and Canole律师事务所，首席律师是乔治·康索尔沃（George Consolvo）。我们使用了这家律师事务所的6名律师。只有阿瑟·坎普（Arthur Kamp）律师来自其他事务所，即David, Kamp and Frank事务所。

　　卢卡斯律师与她法律专业的同事开展的协调和咨询工作，为汉普顿大学提供了需要而且必要的指导和保护。质子团队的其他成员包括克里斯托弗·辛西（Christopher Sinesi）、乔伊斯·贾勒特（Joyce Jarrett）、卡尔文·贾米森（Calvin Jamison）、多萝西娅·斯贝尔斯、内莉克·劳福德（Nellie Crawford）。这些团队成员参加了无数次私人和团队会议，共同讨论并辩论创建和经营质子中心的利弊。

　　开设这类中心的理由显而易见，然而，面临的挑战也同样明显。无论当时也好，现在也罢，或许我们面临的最大挑战都涉及医师圈子。尽管医生都重复过希波克拉底誓言，但是许多人行医仍然是以为自己谋财为目的。因此，他们宁愿采用他们能够操作的治疗方案来治疗致命的癌症疾病，如手术、肿瘤接种、传统辐射及其他方法。

我们的患者解决了这个恼人的问题。患者是我们最好的大使，因为当质子方法缓解了他们的痛苦，挽救了他们的生命时，他们的亲人、邻居、同事及其他人都能看到。患者能够告诉他们，接受这种治疗以后很少或没有副作用。他们每天都可以去接受治疗，因为很少或没有副作用，他们还可以在治疗后回去工作，打高尔夫球，与亲人逛商店、看电影、就餐。

在初步讨论的过程中，甚至还有一两位理事也表示出了担忧。为了消除理事们的顾虑，我们在每次开会的时候都会分析这个项目的利弊、存在的机遇和受到的威胁。我们的政策是确保质子中心所有的活动都公开、透明。

在开展所有这些初步活动期间，我会让汉普顿大学理事会知晓我们的每一步工作。除了报告科学、技术、商业和法律活动之外，我还曾邀请中西部质子放射学研究所所长艾伦·桑顿（Allan Thornton）向理事做介绍。作为中西部质子放射学研究所的创始人，艾伦·桑顿在马萨诸塞州总质子中心（Massachusetts General Proton Center）工作，是世界上知识最渊博、最知名的质子肿瘤学家。他与汉普顿大学理事们进行了亲切友好的交流，理事们向他连珠炮似的提出各种问题和意见。我对桑顿博士的印象非常深刻，后来我们邀请他加入我们的医务人员团队，他欣然接受。

尽管理事反响强烈，质子界也鼓励我们，我们仍然有大量的工作要做。我们不得不面试质子系统设备的制造商。那时候，全世界只有4家制造商。他们是比利时的IBA、日本的日立、德国的Accel和美国加利福尼亚州的Optivus。凯珀尔博士安排每家公司前往汉普顿大学向我们做介绍。

每家公司的介绍都周密而翔实。所有公司介绍结束后，汉普顿大学委员会在分析了各公司的提案后，把目标锁定在日立和IBA上。

我们得出的共同结论是，虽然设备上有些差别，但日立和IBA公司的提案都非常出色。日立电源是同步加速器（Synchrotron），引出束能量介于70～250兆电子伏特（MeV）。IBA的电源是回旋加速器（Cyclotron），引出束能量介于70～230兆电子伏特（MeV）。物理学行外人士可以将电子伏特视为一个单位的能量。

两家公司的设备还有其他差别。日立建议在3个旋转机架治疗室提供笔形束扫描喷嘴，在1个固定束治疗室中提供被动散射喷嘴。IBA提供了其他选择，建议给3个旋转机架治疗室中的喷嘴配备标准的被动散射或笔形束扫描功能，建议给固定束治疗室中的喷嘴配备标准散射喷嘴。

回旋加速器和同步加速器各有优缺点。在凯珀尔博士领导大家围绕本项目的设备问题进行漫长讨论以后，我们发现两家公司的加速器都能完成我们要求的工作。

尽管相信两家公司都可以为我们提供所需的设备，但我们最终出于某个基本原因选择了IBA。这个原因就是，IBA设备的运行站点多于任何其他系统。具体来说，IBA设备的运行站点包括波士顿马萨诸塞州总医院（MGH）、韩国首尔国家癌症中心、印第安纳州中西部质子放射学研究所，以及中国的两个中心。中西部质子放射学研究所隶属于印第安纳大学，MGH的设备则与哈佛大学存在着关联。其他即将上线的中心，像佛罗里达州大学和宾夕法尼亚州大学，也将IBA作为首选供应商。

在选定了设备制造商之后，我们就开始了解成本。斯贝尔斯女士确定了项目可以选用的投资银行和传统银行。除此之外，她还咨询了弗吉尼亚州里士满市投资咨询公司Morgan Keegan。下一步工作是邀请BB&T、PNC和美国太阳信托等传统银行的代表。我们咨询了几家投资银行，其中包括摩根大通。在这期间，我曾前往摩根大通位于纽约市总部大楼的48楼，造访了其首席执行官杰米·戴蒙（Jamie Dimon）。在了解所需专业设备和融资范围之后，我们接下来的工作是寻找项目需要的医务人员、物理师、技术人员和行政管理人员等。凯珀尔博士建议我与克里斯托弗·辛西博士交流，让他担任医疗总监。辛西博士是汉普顿路最大的放射肿瘤学机构的管理合伙人。那次对话很有趣，他给我留下了深刻的印象。

卢卡斯律师的同事罗宾·汉森（Robyn Hansen）律师建议我面试罗宾·琪奈儿（Robin Chenail）女士，看她是否适合担任人力资源总监。琪奈儿女士知识渊博、经验丰富、性格友善。她也在首次会晤中给我留下了深刻的印象。

财务是任何事业的支柱。无论事情进展得多么顺利，如果财务管理和控制不当，那么这个事业也不会成功。汉普顿大学商务办公室的会计师帕梅拉·科尔（Pamela Cole）以知识渊博和工作勤奋而深得好评。在与斯贝尔斯女士交谈后，我打电话约谈科尔女士。虽然对于我们谈论的话题感到惊讶，但是科尔女士还是迅速领悟了财务总监的目标和职责。

汉普顿大学质子治疗研究所（HUPTI）

作为汉普顿大学质子团队的主席，我出席了每场报告会和几乎每场委员会会议。无论是会见质子系统制造商、投资银行家、传统银行家、律师、债券顾问，还是我们内部举行的辩论会，我都在场。我每天为这个计划花费了8～10小时。质子中心对我们大学而言是个非常大的项目，所以我决定在充分了解这个项目的所有问题之前，不开拓其他新的领域。

汉普顿大学质子治疗研究所如今已在运转。这家中心每天治疗约60名患有前列腺癌、乳腺癌、肺癌、眼病、儿科、头颈部和脑癌的患者。我深信不疑，我们正在缓解人类的苦难并且挽救生命。

承担这项艰巨的任务，是不是需要汉普顿大学理事和行政管理团队拿出勇气来？那当然了！在没有彻底分析并且了解这个项目的风险和回报之前，汉普顿大学不会着手开展这个拯救生命的计划。

我们知道挑战会很大，事实证明确实如此。汉普顿大学是个规模相对较小的大学，没有医学院或医院。这所传统黑人大学承受了来自某些人的固有偏见。在 2008 年启动这个项目的时候，美利坚合众国乃至全世界都处于自 1929 年大萧条以来最大的衰退期的高潮阶段。所以，当时有很多非常强大的机构都无法弄到项目资金，即便能够弄到资金，也不得不为此支付更多的利息。

虽然有这些障碍摆在面前，我们的质子中心还是坚持不懈，继续治病救人。现在看来，我们站在了历史和人道主义的一方。汉普顿大学质子治疗研究所体现了我对勇气的看法：改善人类的境况；帮助别人，甚至哪怕机会渺茫；将界限视为挑战而非限制。

第10章　公平

"全球黄金法则" [1]

自觉恼害之事，勿以害人。

——释迦牟尼

你们愿意人怎样待你们，你们也要怎样待人。因为这就是律法和先知的道理。

——马太福音

己所不欲，勿施于人。

——孔子

不要对别人做你不想让他们对你做的事情。

——摩诃婆罗多

为友谋如同为己谋，非此不能成真信徒。

——穆罕默德

你所仇恨者，不可施予你的同胞。

——《犹太法典》

见人之得，如己之得。见人之失，如己之失。

——《太上感应篇》

　　我自己的黄金法则是："即使对方是敌人，也应该公平地对待他。"在我的领导模式中，公平处于核心地位。无论是从个人还是从组织的角度出发，我都坚持将公平视为自己的重要原则。我的父母，以及我在阿拉巴马州南部师范大学的早期教育影响了我的个人看法。

　　我相信这些人的人生观。我的父母教导我和安妮说："己所不欲，勿施于人。"他们教我们要关心别人，乐于与他人分享。关爱和分享是公平的基本要素，我从很早就这样做了。

　　我在盛行种族隔离政策的阿拉巴马州布鲁顿长大。当时，除了南方师范大学和 Booker T. Washington 初中之外，只有我在整个非裔美国人社区中拥有篮球架。我的父亲用铁篮筐给我做了木制篮球板，铁篮筐是他在佛罗里达州彭萨科拉买的，篮球架的柱子原本是新住宅中用于支撑承重墙的木柱。爸爸把这个篮球架立在我家和我们邻居阿尔伯特·福布斯（Albert Forbes）夫妇家中间的侧院里。

　　于是，在后来的很多年里，我家的院子始终是朋友、熟人和其他人的聚集地。当时，我整天只想着打篮球，长大成人后回想此事，我才发觉，父母再次给我上了宝贵的一堂课，教导我学会分享。我从未忘记这段经历。

　　我的这段童年经历与罗伯特·傅伦（Robert Fulghum）在《幼儿园里学到的人生真谛》（*All I Really Need to Know I Learned in Kin-*

dergarten，该书荣登《纽约时报》畅销书榜）中所说的并无不同。他说："智慧不在研究生院的山顶上，而是在主日学校的沙堆里。"他说自己学到了下列功课，"分享每种东西；公平竞赛；不要打人；把东西放回原位；自己弄乱的东西自己整理；不要拿不属于你的东西；如果伤害了某人，要向人家道歉；吃饭之前洗手，厕后冲水；吃热点心和喝冷牛奶对身体有好处；出门时观察交通情况，并与身旁的人手拉手前进。"[2]

唐纳德·德马科（Donald DeMarco）在 *Lay Witness* 杂志上发表文章《公平的美德》说："当孩子喊出'这不公平'时，这很有可能是他/她人生中做出的第一个道德判断。"关于这个主题，几乎所有的研究都说，4 岁儿童已经有了活跃且强烈的公平意识。而伴随着强烈的公平意识而来的，是他们对于作弊、插队、多拿和占便宜等行为的严重鄙视。

关于公平的这些想法，与我 20 世纪 40 年代和 50 年代在学校接受的教育没什么不同。南方师范大学是由詹姆斯·杜利（James Dooley）教授于 1911 年创建的私立非裔美国人学校，开设 1 ～ 12 年级课程，它后来隶属于美国荷兰改革宗教会。

直到最近为止，南方师范大学经历了美国社会多年的巨大变革，运用其强大的教学实力，造就了高度活跃的男女公民。这些人尊重个人和集体的尊严，敢于改善生活方式，拥有坚定的宗教信仰，追求品德，善于解决问题而不是制造问题。

作为南方师范大学的优秀"产儿"，我相信这所学校赋予我成功所需的无数其他素质。除了数学、英语、公民课等典型的基础课程之外，学校还向每位学生传授历史、文学和艺术，以及伦理和道德方面的知识。

强调伦理和道德，就是在传授公平的美德。我们被明确告知，不应该将自己的错误推卸到别人身上，也不应该利用别人。我们应该帮助那些不幸的人们，和别人分享，尊重并且公平地对待每个人。这就是南方师范大学秉持的为人之道。

当我们长大成人之后，我们中的大部分人对于公平的含义都烂熟于心，甚至还有了更深的感悟。我们发现"fairness"（公平）这个单词的含义非常广泛，可以代表美丽（参照电影《窈窕淑女》）、礼貌（动听的话）、良好（喜人的作物），以及未受规范（开阔通道）。在气象学上，fair（好）天气有别于坏天气；在棒球场上，fair（好）球有别于坏球；在商业上，公平待遇有别于黑幕；在法律上，公正审判有别于私设法庭。

显然，公平这个词对不同的人有不同的意义。这里我们要谈的公平涉及价值观、经验、责任感、情感和其他观念问题。对于个人来说，公平与否可能取决于决策是否对其有利，比如，得到异乎寻常的加薪，被允许破例进行国际旅行，或者胜过其他竞争对手而成功晋职。若对此人有利，他或许会认为这个决定是公平的；若对此人没有好处，他或许会认为这个决定并不公平。虽然指责"不公平"可能是不成熟的看法，但对这个人来说，这种感受却是真实的。

虽然公平这个词可以用在很多地方，对于这个词的解释也有微妙的差异，但是我依然将公平视为美德，并将其作为我追求的目标。在我的任何行为、决定和人际互动中，我都试图将公平作为我的行事原则。我毫不犹豫地说，我有时也做不到这一点。但是，如果我发现我的决定或干预有失公平，我会马上纠正。

在处理组织事务时，我也是这样做的。我试图运筹帷幄，以确保汉普顿大学始终适合钻研、学习、生活、工作和娱乐。优秀的领导者不但坚持公平，并且会努力确保其机构处处变得公平。我坚持认为，我们必须让所有组成团体的成员觉得，无论遇到什么问题，无论判决结果是否有利于他们自己，汉普顿大学都会公正地裁决。我们尽力强调，承受决策后果的人在决策过程中应享有发言权，借此来营造公平文化。在本章稍后的讨论部分，我会列举处理敏感和保密事宜的委员会的组成与程序。此外，我还想说，保持透明度并解释做出决策的原因总是好事。

我举个行政管理方面的例子，来解释我前面所说的透明度。有个院长和两名教员与某个高级管理人员商谈可否资助他们的西班牙之旅。这名高管人员原本打算直接告诉他们，本校政策禁止国际旅行，除非费用由外部来源支付。在我们讨论过这个问题之后，我建议他向对方提供更多的信息。

具体来说，我建议他跟对方说明，第一，这是理事会制定的政策；第二，理事会的这条政策只涉及需要大学出资的旅行，不适用于外部资助的旅行，所以，如果对方能找到汉普顿大学之外的资金来源，那么这次旅行是可以被批准的。这位高管人员按照我的建议，给出了上述答复。听到他这样充分的解释后，那位院长及其教员可能还是不会乐于接受学校拒绝出资的事实，但是他们也知道，如果能够得到外部的资金支持，他们的旅行或许还有一线希望。公平很重要，因此必须确保决策能够经得起事实的推敲。

我希望汉普顿大学能够贯彻公平文化，并且让世人看到这一点，实现这个目标的最佳方法，就是让各组成团体的代表参加决策过程。因此，若干校内最重要和最敏感的委员会都会吸收教职员工担任委员。此外，多年来，我们已经建立了有效的体系，确保理事和行政管理团队在做出会影响工作场所及相关人员生活的决策时，能够听取教职员工、学生的重要意见。

如第5章"管理"所述，战略规划过程反映了我们强调包容性和公平的态度。这类决策过程大约会有100名教职员工、学生、校友和理事参与，确保每个组成团体都能表达自己的意见。

我坚信，承担决策后果的人应该有权在决策过程中提供意见，这样做才是公平的。战略规划过程就很好地体现了这个理念，即所有的组成团体都可以对审议结果和最终结果发表意见。这样，整个校园社区都可以帮助我们绘制汉普顿大学这所优秀大学未来的前进路线。

委员会和工作组的治理政策与程序也表明，我们全面希望促进、展现并实践公平文化。例如，负责召开听证会以解决汉普顿大学因故解雇、教员申诉、性骚扰和不当行为、终身职位审查和终身职位后审查问题的委员会完全由教职工组成。任何大学的最敏感问题都是由这些委员会负责处理的，委员会有权评估和推荐它们视为正确、合理、最好且公正的解决方案。即使拥有这些权力和责任，这些委员会也并非在真空中运作，我会解释部分审裁机构的运作程序。

申诉的教员应先向其所在院系及教务长办公室求助，若无法解决，可以向教职员申诉委员会提出申诉。他们可以就许多问题提起申诉，包括终身聘任、晋升、评估、试用期和学术权利等。

认为自己蒙冤的教员可以提出申诉，学校会在收到申诉请求后30天内召开听证会。听证会由5名终身制教职人员组成，这5人由校长（我）从学术人事委员会提交的7人名单中予以挑选。在听证过程中，提交申诉的教员必须同意允许委员会审查证据并听取证人证词。

听证会启动后，受害方需要陈述其案件，并可以带顾问出席。经听证会主席同意后，顾问可以发言。任何一方都可以召集证人，法庭书记员必须在场记录会议情况。若经要求，应向受害方提供会议记录。

听证会结束后30天内，委员会必须将会议报告及建议提交给校长。报告中必须陈述建议的原因及会议记录正本。校长在收到报告后10天内会做出最终决定，并且通知申诉教员和学术人事委员会。

性骚扰和不当行为审查委员会执行我们的政策，确保在汉普顿大学学习、生活和工作的所有人都拥有安全的环境，以便于促进学习。长久以来，我们始终坚信，大学组成团体的成员不应该受到来自同性或异性成员的任何性骚扰，因此，我们禁止所有不受欢迎的、非主动自愿的接触，无论是言语还是身体接触。

为了确保每个人都理解这项政策，我于1979年成立了性骚扰和不当行为审查委员会，以便听取和裁定所有关于性过失的指控。

由于绝大多数性骚扰指控都针对男性，所以我对委员性别比例的设置是3名女性和2名男性教职员工，这个比例维持到现在。委员会的会长是女性，所有委员都必须善良、正派、客观，我不想召集狂热分子来推动党派利益。此外，我为这个委员会任命的大多数委员是女性，委员会的领导者也是女性，这是为了向各方人士尤其是女性申诉人确保，这个听证会是公平的，不会站在传统的男性视角看待问题。

任何人只要认为有性骚扰行为发生，都应以书面形式向性骚扰和不当行为审查委员会主席举报。委员会审查指控之后，将与被告人和控告人进行正式的闭门会议，双方都有权提供证人、文件和其他资料。被告人可以带顾问出席。正式审查完成后，委员会做出裁决并将调查结果告知被告人、控告人和教务长。如果委员会确定性骚扰行为确实发生，则被告人将受到纪律处分，包括被教务长解聘。这些年来，委员会发现在所有投诉中，约有3%的指控具有价值，65%并无根据，剩下的32%因为投诉被撤回等原因没有予以裁定。若对委员会的决定不满，可以向申诉委员会上诉。

终身聘任审查程序是必要的，因为终身教职被认为是学术界最神圣的"圣物"。然而，有些终身制教员的表现却不达标。为确保汉普顿大学的所有工作和每个人都有出色的表现，在1996—1997学年期间，我们启动了终身聘任后审查程序。此举的目的和关注点是确保教员在教学、研究和学生辅导方面表现优异并且富有创新精神。

汉普顿大学的终身聘任后审查程序实际上源于一项战略规划的

建议。这项战略规划的愿望是制定并维持"学术严谨性、创造性表达和所有知识传播形式的最高标准"。工作组成员认为,这样的审查流程有助于增强学校与教员的合作伙伴关系。

当教员的年度评估结果未达规定水平时,这个流程就会启动。发生这种情况时,教员必须准备小档案,提交终身聘任后审查程序审查,由该委员会判断该教员的评分低是否合理。如果委员会认为评分合理,则会将裁决结果通知当事教员。然后,该教员必须与其系主任和院长共同制订为期一年的绩效改进计划,提交给终身聘任后审查程序批准。委员会的成员包括终身制高级教员,会长由副教务长担任。这个审查过程对当事教员的绩效实行公正的同行评估,并为其提供改进机会。

教员解聘委员会由校长任命的5名终身制教员组成。这5名教员是校长从学术人员委员提交的7名成员名单中选出来的。

如果因故必须解雇教员或教学人员,将由教务长书面通知当事人。通知中注明解雇理由,解雇理由包括但不限于剽窃、撒谎、欺骗或偷窃、玩忽职守、犯罪、滥用大学资金、不服从、非法使用管制物质、伪造文件等。如果教员或教学人员不认可教务长的决定,可以要求教员解雇委员会举行听证会。

委员会组织闭门听证会,被解雇者有机会到场陈述意见,可以带证人和顾问到场。听证会的进程将被记录在案,听证笔录免费提供给被解雇者。

委员会必须在听证会结束后30天内向校长提交书面报告和建议,听证笔录、所有其他参考资料和建议理由也应提交,校长将在收到报告后10日内做出最后决定。

　　以上只是极少数的例子，旨在表明汉普顿大学在解决现实问题时注重组织公平性并且乐于接纳同行。这些问题非常重要，因为它们可能会影响工作、工作安全、晋升、职业和个人关系、智力成长和生计。更重要的是，裁定这些问题的人不仅要公平，而且必须让别人认可他们及委员会的公平性。在汉普顿大学，我们竭力确保凡事以公平文化为先。无论结果如何，大多数（如果不是全部的）当事人都相信自己得到了公平对待，这是我们汉普顿大学人的奋斗目标，原因如我在本章开头所说，公平是优秀领导者的核心能力。

　　最后，我想告诉所有领导者和学习领导力的人，你们要付出艰辛的努力，以确保组织决策过程的公平性、组织决策对于相关人员的影响的公平性，以及组织的关系管理和维护的公平性。领导者必须始终铭记，他们的决策应该为组织的利益服务，而不是为了照顾个人利益。记住，追随者衡量我们作为领导者最终是否合格的标准之一就是，我们能否做到公平。

第11章 结果

注重结果是哈维领导力模型的最后一个原则。因为贯彻以结果为导向的方针，在近40年的岁月中，汉普顿大学在学术和研究、学生入学和成就、财务、学校设施和田径运动等方面已经取得了不可否认的成功。如果没有我们优秀的教职员工、校友及理事会的辛勤耕耘，我们就不可能取得这样的成功。

学术与研究

在汉普顿大学的使命中，提供高质量的学术课程始终是个主要任务。1978年，当我接任校长时，学校的课程设置虽然已不同于本校创始人塞缪尔·阿姆斯特朗将军在1868年创建的课程，但是在注重高标准和实用性方面却是一脉相承的。

自1978年以来，我们在学术课程上进行了大刀阔斧的改革，增加了大约80个新学位课程，其中包括7门博士课程。新开设的本科课程包括计算机科学、海洋科学、创业、化学、电气和计算机工程、航空航线科学和紧急医疗援助管理、新闻学、运动管理、大气科学，而研究生课程则包括工商管理（MBA）和应用数学，博士学位课程包括物理、药学、大气和行星科学、护理、物理治疗、教育管理和工商管理。

随机抽取我校开展的优秀学术和科研项目，就可以从中感受到汉普顿大学的蓬勃生命力。举个例子，如今印刷新闻业正在衰落，数字新闻业正在兴起。《纽约时报》《华盛顿邮报》《华尔街日报》和《芝加哥论坛报》等报业巨头的纸媒读者数量大幅减少，数字化刊物的销售量却在增加。面对这种现象，汉普顿大学积极采取应对措施，新闻学院前院长布莱特·普利（Brett Pulley）推出一项方案，由助理院长艾丽-雷恩·巴特勒（Allie-Ryan Butler）负责落实细节。这个方案的思路是建立数字媒体创新中心，以吸引不同学科的学生。这个想法能够将本大学计算机科学系、商学院、人文与教育学院、新闻学院富有创新思想的人才汇聚起来。这支跨学科学生团队可以共同关注其学科与市场日渐密切的交汇点。此外，他们还可以共同创造产品，帮助当今主要媒体公司解决它们所面临的问题。

成立数字媒体创新中心的主要目的是为学生创造机会，以便他们能够接触到经验丰富的数字媒体专家并从他们那里学习经验。为了达到这个目的，学生们推出"数字化天才"（The Digital Genius）系列讲座和电视节目。"数字化天才"的首场电视节目是在汉普顿大学校园内录影棚中的现场观众面前拍摄的，Take-Two Interactive软件公司首席执行官施特劳斯·泽尔尼克（Strauss Zelnick）是首位受邀到场的"数字化天才"，当时他也举办了讲座。我们相信，这个学生主导的课程以创新的方式融合了思想、领导力和学生参与度，为促进发现和激发创造力开辟了道路。

注重科学发现有助于营造良好的学术氛围，进而让汉普顿大学教员团队的学术研究实力可以与全国众多的大型大学相媲美。长期从事癌症研究工作的汉普顿大学团队已经获得了12项乳腺癌和前列腺癌检测设备方面的专利，攻关假肢传感器的研究人员获得了14项相关专利。

汉普顿大学发射了天气卫星来研究夜光云以确定其形成原因，以及它们与全球气候变化的关系。这个例子表明，如果机构注重效果，就能取得非凡的成就。因为我们最近在这方面的努力，大气科学系获得了NASA1.4亿美元的合同。这在当时是传统黑人大学第一次也是唯一一次拿到NASA项目100%控制权。除了支持正在开展的科学和研究活动之外，这份合同还带来了巨大的经济影响，汉普顿大学因此能够向弗吉尼亚州的公司拨款约9000万美元以建造卫星和火箭。

这个部门在帕特里克·麦考密克、詹姆士·拉塞尔和威廉·莫尔（William Moore）的领导下，已经成功地完成了若干项出色任务。除了美国宇航局1.4亿美元的合同外，本校还获得了9200万美元和1.02亿美元的拨款以完成总共3颗卫星的发射任务。目前，这些卫星都在轨道上运行。2016年11月，汉普顿大学再次发射卫星，这颗卫星将与国际空间站对接。

作为最耀眼的明星，大气科学系参与的重要项目还不止于此。汉普顿大学是NASA天体生物学计划投资380万美元开展的"生命行星项目"（Living, Breathing Planet Project）的牵头机构。作为这个资助项目的牵头机构，汉普顿大学负责监督研究参与人员在哈佛史密森天体物理中心、弗吉尼亚大学、弗吉尼亚理工大学和国家宇航学院的工作。此外，NASA 还向汉普顿拨款 500 万美元以成立大气研究与教育中心（CARE）。在成立 CARE 的过程中，汉普顿大学与NASA 兰利研究中心合作，并与威斯康星大学和马里兰大学巴尔的摩县分校建立了合作伙伴关系。

2012 年，我与美国国家卫生研究院（NIH）的人员多次对话，讨论少数族裔的健康差距，以及在该领域开展更深入研究工作的必要性。通过这些对话，我觉得这是个大好良机，汉普顿大学可以趁机领导研究项目，来研究少数族裔男性的若干重大健康差距。在斟酌过这个想法之后，我认为把这个项目做成传统黑人大学之间的合作项目会对我们的社区和机构比较有利。因此，我联系了几家以研究健康差距而闻名的传统黑人大学的校长，邀请他们参加汉普顿大学的传统黑人大学跨学科合作中心，并向代表所有传统黑人院校的独家机构 NAFEO 寻求支持。此外，我依靠汉普顿大学的教职员工和行政管理人员来制定具有竞争力的提案。这支团队由帕梅拉·哈蒙德（Pamela Hammond）领导，包括乔安·海斯伯特、埃尔诺拉·丹尼尔（Elnora Daniel）、帕特里夏·斯隆（Patricia Sloan）、夏利塔·丹利、雷蒙德·塞缪尔（Raymond Samuel）和尼古拉斯·肯尼（Nicholas Kenny）等团队成员。他们制定了出色的资助申请书，并提交给美国国家卫生研究院名下的美国国家少数族裔健康和健康差异研究所。

几个月后，汉普顿大学从美国国家少数族裔健康和健康差异研究所获得了1350万美元的拨款，用于消除和缩小少数族裔男性的选择性健康差距。汉普顿大学是这个项目的牵头机构，我们携手其他几所传统黑人大学实施和推进创新的跨学科研究，以便有效缩小少数族裔男性的健康差距。最初参与这个项目的其他大学包括杰克逊州立大学、克拉克·亚特兰大大学、霍华德大学、北卡罗来纳农工大学和圣奥古斯丁大学。后来，奥尔巴尼州立大学、佛罗里达国际大学、东弗吉尼亚医学院、北卡罗来纳州中央大学和得克萨斯大学医学分校也加入进来。

汉普顿大学区域跨学科合作中心（HU-TCC）关注少数族裔男子健康计划（MMHI）。HU-TCC 的愿景：MMHI能够培养并利用少数族裔服务机构（MSI）的研究能力，协助美国国家卫生研究院改善美国人的健康、培养不同MSI教员的机构间伙伴关系，进而让MSI更广泛地参与到NIH赞助的生物医学和行为研究活动中。HU-TCC 的主要目标：MMHI能够①推进少数族裔男子健康差距关键领域的研究、教育、培训和推广工作；②开发并提供可持续的、可在社区间通用的健康结果模型。具体来说，我们的任务是在以下6个方面实施广泛的研究：前列腺癌、心血管疾病、肥胖、糖尿病、西班牙裔黑色素瘤和非裔美国人的社区暴力。

对于汉普顿大学人而言，进取与竞争并不陌生，因为我们注重结果。第8章"创新"中基思·贝克领导的项目就是很好的例子。这个项目得到了美国国家科学基金会5320000美元的资助以成立国家前沿物理中心。在为成立这些物理中心而展开的首次年度竞争中，只有4所大学获得了拨款。除了汉普顿大学之外，得到拨款的其他3所大学分别是芝加哥大学、密歇根大学和宾夕法尼亚州立大学。美国若干最好、最具综合性的高校也在竞争中落败。我可以告诉对此持怀疑态度的人士，这次竞争没有为"少数族裔预留配额"。

汉普顿大学注重结果，教员们赢得的众多百万美元级计划和项目可以证明这点。这些项目包括生物医学研究中心，800万美元；美国国际开发署（USAID）非洲教育计划，5997580美元；NASA毕加索中心，5963333美元；激光科学和光谱中心（CLASS），500万美元；核能/高能物理研究卓越中心，4999884美元；空气推进中心，4266239美元；建模和计算科学学生研究计划，3016141美元。

在其他几个值得注意的项目中，有个项目获得了来自美国国家科学基金会的300万美元拨款，以加强汉普顿大学教员在材料科学方面的研究工作。这笔拨款用于促进汉普顿大学招聘和挽留希望从事材料科学和工程研究工作的杰出的非裔美国人与女学生。该拨款扩大了汉普顿大学材料科学研究人员和布兰迪斯大学材料研究科学与工程中心的同事之间原有的合作规模。汉普顿大学拨款用于支持汉普顿大学教员、博士后研究员、研究生、本科生和弗吉尼亚州汉普顿市新视界伽文纳科技学院（New Horizons Governor's School for Science and Technology）的高中生的协作研究、教育、培训和推广活动。

美国教育部"全球第一"（First in the World）计划的350万美元拨款旨在加强数学、工程、物理、化学、生物学、海洋科学、化学和计算机科学8个学科的学生学术水平。

从阿尔茨海默症研究、替代燃料、用于早期诊断和治疗关节炎的纳米设备到太空探索、深入的疾病研究、有色人种原住民面临的挑战和问题，汉普顿大学默默地成为汉普顿街区、弗吉尼亚州乃至全国的研究和技术领军人。这些新研究项目加上现有的研究计划，将汉普顿大学推向了高等教育界的前沿。

学生

1978年以来，汉普顿大学的学生群体也经历了转型。学生入学人数从原来的2700名左右增加到6300多名。此外，入学新生的SAT平均分增加了约400分！汉普顿大学已经成为真正意义上的全国性大学，我们的前五大生源州是弗吉尼亚州、马里兰州、加利福尼亚州、新泽西州和纽约州。此外，我们还有来自澳大利亚、捷克共和国、波斯尼亚、斯里兰卡和越南的国际学生。

汉普顿大学的学生两次获选参加美国能源部（DOE）太阳能10项全能比赛。太阳能10项全能比赛是一场国际比赛，共有来自美国国内外的20支高校队伍参赛，包括奥地利维也纳的维也纳科技大学、捷克共和国布拉格的捷克科技大学等。比赛项目是建造既经济实惠又能吸引消费者，并且设计卓越的太阳能高能效住宅。汉普顿大学团队创建了适合用户的太阳能住宅，即使在最极端的情况下也很容易控制这款太阳能住宅。这个项目采用通用设计原则，借助科技之力，让残障人士无须采取复杂的操作控制就能享用可再生能源。

2015年，汉普顿大学大四学生伊凡娜·托马斯（Ivana Thomas）获得21世纪最挑剔的国际奖学金——苏世民奖学金（Schwarzman

Scholarship)。这个奖学金最近才设立，主要资助人是美国亿万富翁斯蒂芬·A.施瓦茨曼（Stephen A. Schwarzman），旨在表彰学术卓越、领导成就和潜能开发。施瓦茨曼自掏腰包捐赠1亿美元奖学金，然后又另外筹集2亿美元用于永久资助此奖学金。作为苏世民奖学金的获得者，托马斯将在中国北京的清华大学苏世民书院攻读为期1年的硕士学位课程，所有费用全免。共有3054名学生申请苏世民奖学金，超过300名半决赛入围者参加了面试。包括托马斯在内，大约共有100名头等苏世民奖学金获得者参加了这个独特的课程。苏世民奖学金获得者来自全球各地。

海洋与环境科学专业的大四学生肯利·克劳利-克劳福德（Kendyl Crawley-Crawford）获得了2012年马歇尔奖学金（Marshall Scholar Scholarship）。为期一年的马歇尔奖学金属于面向美国人的最著名研究生奖学金，克劳福德因此可以就读于英国的任何高校。她选择在伦敦大学攻读环境、科学和社会硕士学位课程。

2013年，汉普顿大学大四学生凯拉·李（Kayla Lee）获得了霍华德·休斯医学研究所（HHMI）授予的9项吉列姆高级研究奖学金（Gilliam Fellowships for Advanced Study）中的一项。这些奖项旨在全面支持攻读生命科学博士学位的优秀学生。HHMI每年资助吉列姆奖学金获得者46500美元，最高可达4年。该计划旨在支持过去很少涉足生命科学领域的群体中的学生，借此提高高校教员的多元化程度。李是计划研究遗传学和分子生物学的生物学专业的学生。

汉普顿大学有两名学生入围著名的罗德斯奖学金（Rhodes Scholarship）。在大约1000名经其所在大学认可的申请者中，只有

200人能够入围，有望成为美国罗德斯学者（American Rhodes Scholar）。罗德斯学者将有机会到英国牛津大学进修。

汉普顿大学计算机科学系的学生在2014年Google DC Hack大赛中荣获第1名和第2名。比赛要求所有参赛团队开发自己的项目，然后在经过24小时的漫长过程后，向谷歌工程师展示自己的作品。汉普顿大学的一支团队凭借他们开发的College Sailing Scores应用程序获得了第1名。College Sailing Scores是用于帆船比赛的帆船计分和轮换应用程序，已添加至Google Play应用商城中。另一支团队则凭借Walk-In这款在线衣柜组合应用程序斩获了第2名。该比赛旨在鼓励学生利用创新手段来改进当前软件并设计新的软件应用程序。

汉普顿大学的3名本科生被授予本杰明·吉尔曼国际奖学金（Benjamin A. Gilman International Scholarship），以便出国留学。吉尔曼学者最多可以获得5000美元奖学金，以作为其出国留学或参加实习课程的经费。这个奖学金旨在扩大国外留学和实习的学生范围，并扩大留学国家和地区的范围。奖学金获得者有机会更好地了解其他文化、国家、语言和经济，从而为自己日后在政府和私营部门担任领导职务做好准备。

教育系的学生在联邦调查局首届国家课程开发挑战赛（FBI National Curriculum Development Challenge Competition）中获得了第1名。这个比赛邀请全国各地的大学生分析研究案例，设计6~8堂课以反映联邦调查局的工作在情报、语言或信息技术等关键领域的价值。虽然参赛团队由学生圣昂格（Guerschmide Saint-Ange）和胡安妮塔·德温（Juanita Devin）领导，但教员顾问是格特鲁德·亨利（Gertrude Henry），安吉拉·皮尔斯（Angela Pierce）也参与其中。汉普顿大学学生在2006年全国城市联盟商业案例大赛（National Urban League Business Case Competition）中荣获第1名。在佛罗里达州奥兰多举办的第37届黑人行政高管交流计划（BEEP）中，有超过700位高管目睹了学生们在赛场上的表现。除汉普顿大学外，还有10所大学的HBCU商学院学生也参加了沃尔玛案例分析。这次城市联盟赛要求参赛者综合分析沃尔玛这个零售巨头在2005财年的收入，就沃尔玛如何在全球范围内拓展业务提出建议。

学校设施

学校设施曾经因为缺钱维修破碎的窗户或油漆剥落的墙板而落魄不堪，如今，修复后的老建筑与新建筑交相辉映，错落有致，显得更加美丽动人。我们增加了28栋新建筑，包括教室、教职员办公室、宿舍、研究楼、学术实验室和主要运动设施。在校外，我们修建了146间新公寓、一家小型购物中心、一个商业援助中心、一家质子束癌症治疗中心，在弗吉尼亚州的纽波特纽斯、黑山堡和诺福克修建酒店，并在弗吉尼亚州里士满修建了一栋办公楼。

现有设施改造花费大约9000万～1亿美元。另外，如第9章"勇气"中所提到的，我们还购买了（汉普顿最高的）一栋14层办公楼、纽波特纽斯一栋111224平方英尺的办公楼，以及汉普顿市一家占地11英亩并带有70个房间的汉普顿天主教静修所。

其他置业项目包括25英亩的Strawberry Banks汽车旅馆和地面设施，汉普顿和纽波特纽斯的几处住宅（供教职员居住），以及位于我们校园北端水域的码头。

购买码头这件事说起来很有趣。码头的所有人申请许可证，要在码头建立住宿加早餐酒店。这个做法遭到了我们大学的反对，因为人流量的增加及客人的流动性会给学生造成安全隐患。但汉普顿市议会不支持我们，我们需要另想办法，于是我们选择买下这个码头。结果很划算！

汉普顿大学入口华盖

汉普顿大学（海滨景观）

William R. & Norma B. Harvey 图书馆

Olin工程大厦

多用途设施

Scripps Howard 新闻与传播学院

Gladys Hope Franklin White 礼堂

Wendell P. Holmes 礼堂

学生中心

学生餐厅

W. Frank Fountain 研究楼

2# 研究楼

Neilson Screen 网球场

垒球场

L. Douglas Wilder 礼堂

科技教学楼

McGrew Towers 会议中心

集会中心

体育

　　近40年来，汉普顿大学在田径运动方面的表现也很出色。事实上，任何客观分析都能表明，汉普顿大学现已拥有全国最佳的中游联盟一级体育课程。校田径系有18个体育课程，包括长曲棍球和美式足球课程。2014—2015年学年，女海盗田径队（Lady Pirates Track Team）赢得中东运动会（MEAC）室内锦标赛冠军，这是该队在14年中第13次摘得冠军奖杯。同年，海盗网球队（Pirate Tennis Team）取得了NCAA（编者注：National Collegiate Athletic Association，全国大学体育协会）历史上最多的战绩，拿下了惊人的41场比赛冠军和1000多场胜利。

汉普顿大学田径高手法兰西纳·麦克洛伊（Francena McCorory）现已成为奥运金牌得主。3届NCAA冠军麦克洛伊（2011级）代表美国队参加400米短跑接力赛，跑第3棒，取得了3:16.87的好成绩。迪迪·特罗特（Dee Dee Trotter）（在400米短跑中获得铜牌），爱丽森·费利克斯（Allyson Felix）（200米短跑金牌得主），以及最后一棒桑娅·理查兹（Sanya Richards-Ross）（400米短跑中的金牌得主）也都挺进决赛。麦克洛伊是继凯莉·威尔斯（Kellie Wells）之后第二个在伦敦奥运会上获得奖牌的汉普顿大学学生。凯莉·威尔斯（2006级）以12.48秒的成绩在100米栏中拿下了铜牌。

汉普顿大学的其他体育项目在国内比赛中成绩斐然。在2012年至2015年期间，海盗女子篮球队（Lady Pirates Basketball Team）蝉联5届冠军，击溃了路易斯安那州立大学（LSU）、密西西比州立大学、南密西西比大学、佛罗里达大学、匹兹堡大学和波士顿学院等顶级强队。女子篮球课程连续3年进入College Insider的中游联盟25强排行榜，2012年排名第8。

这支队伍在一级联赛中创下了获胜26场的纪录，以15∶1的成绩挺进了2013年MEAC（编者注：The Mid-Eastern Athletic Conference，中西部运动会，参赛运动员来自传统黑人大学）联盟第二赛季。2015年，我们的男子篮球队赢得了MEAC锦标赛并击败了曼哈顿大学，获得了迎战全国冠军队肯塔基大学的资格。虽然最后以

23分惜败肯塔基大学，但是汉普顿大学队的球员们无疑打出了自己的风采。

这并非男子篮球队首次在NCAA全国锦标赛中表现得这么出色。2001年，汉普顿大学男篮打败爱荷华州二号种子团队进入第32回合。时至今日，这个成绩依然令我们骄傲。每年ESPN重播全网十大运动赛事时，身为汉普顿大学人的自豪感就会油然而生。

自1978年以来，汉普顿大学运动队共赢得105场联盟冠军赛，获得了2个全国团体冠军和5个全国个人冠军。

财务

这些成功建立在雄厚的财政基础之上。因此，从我担任校长以来，我们就强调并努力增加收入，实行成本控制以消除不必要的开支。很明显，作为高校，我们必须在筹款方面痛下功夫。汉普顿大学校友的支持非常给力，但其他资助来源就比较令人沮丧了。

在我担任校长职位的头3年，我与负责发展工作的拉隆·克拉克每周都要花费大约3天半的时间来宣传汉普顿大学，为汉普顿大学的计划募集资金。我们对预算开支进行了大量的结构调整。由于校友、教员、发展人员和商务办公室人员的努力，汉普顿大学的财务状况日渐明朗，并将这个状态保持了近40年。

汉普顿大学在20世纪70年代的10年中，有7年的预算都不平衡。自1978年以来，汉普顿大学的预算每年都达到平衡，而且还少有盈余。1978年，全校获得的捐赠资金只有2900万美元，现在已经超过2.6亿美元。雄厚的财务基础让汉普顿大学有余力发射卫星，建设世界上最大的质子束癌症治疗中心，创建肤色研究机构并且追求许多其他领域的创新。

其他要闻

另一件引以为傲的事情是，如第5章"管理"中所述，17名汉普顿大学前任行政管理人员成为其他高校、大学、银行的校长或首席执行官，其中还有一人担任了运动联盟的总干事。其中，既有私立高校也有公立高校，规模不等，有的是以黑人为主，还有的以白人为主。这些高校分布在北、南、东、西，具体来说，这些行政管理人员的姓名及其任职高校的名称如下：

姓名	任职高校
奥斯卡·L.普拉特（Oscar L. Prater）博士	瓦利堡州立大学/塔拉德加学院
哈罗德·E.韦德（Harold E. Wade）博士	亚特兰大大都会学院
卡尔顿·E.布朗（Carlton E. Brown）博士	萨凡纳州立大学/克拉克亚特兰大大学
埃尔诺拉·D.丹尼尔（Elnora D. Daniel）博士	芝加哥州立大学
沃伦·W.巴克（Warren W. Buck）博士	华盛顿大学贝瑟校区
戴安·伯特雷·舒伯（Dianne Boardley Suber）博士	圣奥古斯丁大学
卡尔文·W.劳（Calvin W. Lowe）博士	包伊州立大学
里昂·斯科特（Leon Scott）先生	统一银行及信托公司
罗德尼·D.史密斯（Rodney D. Smith）博士	新泽西拉马波学院/巴哈马学院

利亚·葛斯汀·菲乔（Leah Gaskin Fitchue）博士	佩恩神学中心
丹尼斯·E.托马斯（Dennis E. Thomas）博士	总干事，中东部运动联盟（MEAC）
迈克尔·A.巴特尔（Michael A. Battle）博士	国际神学中心
华莱士·C.阿诺德（Wallace C. Arnold）将军	切尼大学
乔安·海斯伯特（JoAnn W. Haysbert）博士	朗斯顿大学
金·拉克斯（Kim Luckes）博士	诺福克州立大学
黛布拉·桑德斯·怀特（Debra Saunders-White）博士	北卡罗来纳州中央州立大学
帕梅拉·V.哈蒙德（Pamela V. Hammond）博士	弗吉尼亚州立大学

为了履行汉普顿大学服务社区和国家的使命，1992年，本校仿效20世纪30年代的平民保育团（Civilian Conservation Corps），发起了"就业教育培训（Jet）团"课程。此课程选择性地招收来自弗吉尼亚州汉普顿、纽波特纽斯、詹姆斯城县及威廉斯堡的学生，上午传授数学、交流、阅读和健康方面的学术技能，下午则带领学生到公共工作场所从事劳动，按照最低工资计薪，每周工作40小时。在为期8周的课程中，学生的品德、价值观、纪律和工作伦理意识得到了锻炼和强化。

成立于1989年的H.O.P.E.（汉普顿大学的改进机会课程）招收具有上大学的潜力但不符合全部入学学术要求的非裔美国男性。这个课程为学生提供精简课程，指定协调人员监督他们在社交和学术方面的进展，并为每名学生提供1000美元的奖学金。

在汉普顿大学高水平的文化推动下，我们在校内外取得了巨大的成就，这些成就世人有目共睹。正是因为频繁地传递这个信息，所以汉普顿大学人都知道我们必须注重结果。结果是检验手段是否有效的标准。

我相信你们认识的某些人肯定会说，输赢不重要，过程最重要。这种论调对我来说毫无意义。你必须努力地、公平地、合理地奋斗，而奋斗的结果则最重要。我不会愚妄地认为，人们始终可以战无不胜，但是只要有取胜的希望，就应该以求胜为目标。

高等院校必须注重结果。我们必须保证资源，才能获得并留住优秀的教授，为学生提供奖学金支持，拨款以维护学校设施。作为21世纪的教育工作者，我们必须设法大幅提高学生水准和素质，同时设法让更多的、更多元的学生具备这些水准和素质。我们提供的课程必须大胆且具有挑战性，能够帮助学生应对现实世界的现实问题。这就意味着教育者和领导者的教育预备工作在广度与深度上必须等于或超越其他人。另外，作为教育工作者，我们必须有意识地培养学生创造性思考的能力。无论是在城市还是郊区，担任领导和管理工作的人必须在行动中放弃恐惧或从众心理，必须接受来自未知但目标明确的未来的挑战。

第12章　结论

愿景、工作伦理、组建团队、管理、财政保守主义、学术卓越、创新、勇气、公平和结果，是我的领导模式的10项原则，它们可以确保学界行政管理的成功。所有认真学习或实践高校领导力的人，以及几乎所有组织或机构的领导者，都可以参考这些原则。我的这个领导力模型无疑是有效的。就像任何成功的模型，这个模型也以系列价值观为核心，领导力贯穿这个模型的始终。领导力能够改变世界！

最纯粹的有效领导力能够帮助我们的社区和社会。历史证明，正是这种人格特征有可能纠正错误，缓解人类苦难，提供指引和方向，帮助被压迫者，并且最终改变历史前进的轨迹。

附注

第1章　导言

1.Warren G. Bennis and Burt Nanus.*Leaders: The Strategies for taking charge* (New York: Harper & Row, 1985).

2.Lakesideconnect.com "Respect: one Antidote for Shame," Accessed April 12, 2014. http://lakesideconnect.com/anger-and-violence/respect-one-antidote-for-shame/.

3.Stanford Encyclopedia of Philosophy, "Respect." Last modified February 4, 2014. http://plato.stanford.edu/entries/respect/Stan- ford Encyclopedia of Philosophy.

4.William Penn. *No Cross, No Crown,* 1669.

5.John Dennison, *Hampton's Founder and His Ideals: An Address in Memory of SAMU-EL CHAPMAN ARMSTRONG* (Hampton, VA: Hampton Institute Press, 1904), 6–7.

6.同上.

7.Frances Greenwood Peabody, *Education for Life: The Story of Hampton Institute,* (Garden City, NY: Doubleday, Page & Company, 1926), 118.

8.同上, xv.

9.同上,114.

10.同上,99.

第2章　愿景

1.Samuel C. Armstrong. Address to Hampton Institute Students.1868.

2.*Merriam Webster Dictionary Online, s.v. "vision."* 2016/4/25, http://www.merriam-webster.com/dictionary/vision.

3.*The American Heritage Dictionary*, 4th ed., s.v. "vision."

4.William T. Arnold, "vision," in *Baker's Evangelical Dictionary of Biblical Theology*, ed., Walter A. Ewell (Grand Rapids:Baker Books, 1996), 访问日期：2016年4月25日，http://www.biblestudy- tools.com/dictionaries/bakers-evangelical-dictionary/visions. html.

5.Warren Bennis & Joan Goldsmith, *Learning To Lead* (Cambridge, Mass:Perseus Books,1997), 106.

6.Burt Nanus, *Visionary Leadership* (San Francisco:Jossey-Bass, 1992), 8.

7.Robert W. Terry, *Authentic Leadership*, Courage in Action (San Francisco:Jossey Bass, 1993), 37.

8.Leighton Ford.*Transforming Leadership, Jesus Way of Creating Vision, Shaping Values & Empowering Change* (Downers Grove:Intervarsity Press,1991), 100.

9.Daniel Goleman, et.al., *Primal Leadership, Realizing the Power of Emotional Intelligence,* (Boston:Harvard Business School Press, 2002), 57.

10.Heb.11:1.

11.Prov.29:18.

12.Welch, Jack.Prologue.*Jack, Straight From the Gut,* (New York:Warner Business Books, 2001), xv.

13. *Wall Street Journal*, 2001年1月16日。 "Two Financiers' Careers Trace A Bank Strategy That's Now Hot."

14. Bill Capodagle & Lynn Jackson, *The Disney Way*, (New York:McGraw Hill, 2001), 1.

15. Margena A. Christian, "John H. Johnson Immortalized on Forever Stamp," *Ebony*, 2012/1/10, 2016/4/30, http://www.ebony.com/black-history/john-h-johnson-immortalized-on-forever-stamp#axzz47LVtS3oX.

16. A'Lelia Bundles, *On Her Ground: The Life and Times of Madame C. J. Walker*, (New York: Washington Square, 2001).

17. Robert F. Kennedy, "Remarks" (University of Kansas, Lawrence, 17.KS, March 18, 1968).

18. Bennis & *Goldsmith, Learning to Lead*, 104.

19. 同上.

20. William R. Harvey, "The Pursuit of Excellence" (Opening Con- vocation Address, Hampton Institute, Hampton, VA, September 10, 1978).

21. John C. Maxwell, Leadership 101, *What Every Leader Needs To Know*, (Nashville: Thomas Nelson Publishers, 2002), 53.

第3章　工作伦理

1. Roger B. Hill, *History of Work Ethic. http://workethic.coe.uga.*edu/historypdf.pdf. p. 2 检索时间：2012年4月12日。

2. Herbert Applebaum, *The Concept of Work: Ancient, Medieval, and Modern.* (Albany, NY:State University of New York Press, 1992).

3. Hill, *History of Work Ethic.*

4. 出处同上。

5. Applebaum, *The Concept of Work.*

6.Hill, *History of Work Ethic.*

7.Applebaum, *The Concept of Work.*

8.Hill, *History of Work Ethic.*

9.Martin Luther, *Martin Luther: Selections From His Writings*, ed. trans.John Dillen-
berger, (New York:Anchor Books, 1962).

10.Hill, *History of Work Ethic.*

11.同上.

12.Applebaum, *The Concept of Work.*

13.Hill, *History of Work Ethic.*

14.同上.

15.Thomas Carlyle, *Past and Present* (London:Chapman and Hall, 1843), 233.

16.Rudyard Kipling, "The Glory of the Garden" in *A School History of England 1911
C.R.L Fletcher and Rudyard Kipling*, (London:Henry Frowde and Hodder &
Stoughton, 1911).

17.Peter, Drucker, *The Effective Executive*, (New York:Harper Busi− ness, 2006), 10.

18.John C. Maxwell, *The 21 Indispensable Qualities of a Leader*, (Nash− ville:Thomas
Nelson, 2000), 51.

19.John C. Maxwell, *The 21 Irrefutable Laws of Leadership*, (Nashville:Thomas Nel-
son, 1998), 175.

20.Rev. Martin Luther King, Jr., Remarks (Barratt Junior High

School, Philadelphia, PA, October 26, 1967).

21.1 Corinthian 9:24.

22.Robert Slater, *Jack Welch and the GE Way: Management Insights and Leadership
Secrets of the Legendary CEO*, (New York:McGraw− Hill, 1998).

23.Frank Swoboda, "Talking Management With Chairman Welch," *The Washington*

Post, 1997年3月23日, 访问日期：2016年5月12日, https://www.washington-post.com/archive/business/1997/03/23/talking-management-with-chairman-welch/2091fdef-a080-499e-a093-26560526ce6e/.

24.Dave Lavisnky, "Pareto Principle: How To Use It To Grow Your Business," *Forbes Entrepreneurs,* 2014年1月20日, 访问日期：May 12, 2016, http://www.forbes.com/sites/davelavinsky/2014/01/20/ pareto-principle-how-to-use-it-to-dramati-cally-grow-your- business/#3bc8b6011259.

25.John C. Maxwell, *Developing the Leader Within You,* (Nashville:Thomas Nelson, 2005), 21.

第4章　组建团队

1.F.A.Manske, *Effective Leadership: A practical guide to success,* (Mount Pleasant, TN: Leadership Education & Development, Inc., 1999), 33.

2.同上,32.

3.同上,32.

4.同上,34-35.

5.William A. Cohen, "Absolute Integrity is the Basis of Heroic Leadership," *Leader to Leader* 59 (Winter 2011):46.

6.Warren G. Bennis and Burt Nanus.*Leaders: The Strategies for taking charge* (New York:Harper & Row, 1985).

7.John C. Maxwell, *Good Leaders Ask Great Questions,* (Nashville:Thomas Nelson, 2014), 4.

8.同上,5-8.

9.同上,9.

第5章　管理

1.General Samuel Chapman Armstrong, Letter, August 1868, Hampton University Archives.

2."Conduct and Character. A Sunday Evening Talk to the School, by General Armstrong," Southern Workman and Hampton School Record 24 (18950):23.

3.Armstrong League of Hampton Workers, *Memories of Old Hampton.* (Hampton, Va.: Institute Press, 1909), 22.

4.F.A.Manske, Jr., *Secrets of Effective Leadership: A Practical Guide to Success* (Memphis: Leadership Education and Development, Inc.), 7.

第6章　财政保守主义

本章无备注。

第7章　学术卓越

1.Southern Association of Colleges and Schools.*The Principles of Accreditation: Foundations for Quality Enhancement,* 2012.

2.Sonya A. Donaldson, "50 Best Colleges for African Americans, Black Enterprise. com, 2003/1/1, 2016/5/15, http://www.blackenterprise.com/mag/50-best-colleges-for-african-americans/.

3."Equivalence Tables," College Board, 2016/5/15, https://research.collegeboard.org/programs/sat/data/equiva- lence.

第8章 创新

1.US Department of Justice, *Homicide Trends in the United States*, 1980−2008: Annual Rates for 2009 and 2010, November 2011, NCJ 236018, 2016/5/16, http://www.bjs.gov/content/pub/ pdf/htus8008.pdf.

2.Charles H. Hennekens, Joanna Drowos, and Robert S. Levine, "Mortality from Homicide among Young Black Men:A New American Tragedy, *The American Journal of Medicine* 126 (2013):282−283, 2016/5/16, doi:10.1016/j.amjmed.2012.07.007.

3.同上.

4.US Census Bureau, *National Vital Statistics Reports*, Vol 61, No. 1, 2012/8/28, 2016/5/16, http://www.cdc.gov/ nchs/data/nvsr/nvsr61/nvsr61_01.pdf.

5.Aaron C. Davis and Mike DeBonis, "Mayor Gray to finally face veto decision on Wal−Mart bill," *The Washington Post*, 2013年8月27日, 访问日期：September 25, 2013,https://www.washing− tonpost.com/local/dc−politics/mayor−gray−to−final−ly−face−veto−decision−on−wal−mart−bill/2013/08/27/6aa8479e−0f5e−11e3−bdf 6−e4fc677d94a1_story.html.

6.同上.

7.Zina T. McGee, "Urban Stress and African American Youth:A Study of School Violence," (special report, Hampton University, 2013).

8.同上.

9.Corrine Ramaley et.al., "In Vitro Metabolism of 3,4−Methylene− dioxymethamphetamine in Human Hepatocytes," *Journal of Analytical Toxicology* 38 (2014):249−255.

10.Dr. Simone Heyliger, "Genetic Predisposition to the Negative Affect of Ecstasy" (progress report, Hampton University, 2009).

第9章 勇气

1.韦氏同义词词典,s.v.勇敢,131.

2.Eddie Rickenbacker.2016/5/13, https://www.loc.gov/vets/stories/courage.html.

3.John Maxwell, The 21 *Indispensable Qualities of A Leader* (Nash- ville:Thomas Nelson, 1999), 39.

4.Richard Stengel, *Mandela's Way*, 15 Lessons on Life, Love and Courage (New York: Crown, 2009), 25-26.

5.同上,29.

6.Maxwell, *The 21 Indispensable Qualities of A Leader*, 37.

7.同上,37.

8.Robert Terry, *Authentic Leadership: Courage in Action* (New York:Jossey-Bass, 1993), 246.

9.同上,248.

10.Susan Tardanico, "10 Traits of Courageous Leaders," *Forbes*, 2013/1/15, 2014/5/20, http://www.forbes. com/sites/susantardanico/2013/01/15/10-traits-of-courageous- leaders/#79b5e3245104.

11.同上.

12.Spencer Johnson, *Who Moved My Cheese* (New York:Penguin, 1988).

13.American Cancer Society, *Cancer Facts & Figures 2011*, http:// www.cancer.org/acs/groups/content/@epidemiologysurveilance/documents/document/acspc-029771.pdf.

14.Centers for Disease Control and Prevention, *1999 - 2012 Cancer Incidence and Mortality Data*, https://nccd.cdc.gov/uscs/cancers- byraceandethnicity.aspx.

第10章　公平

1. 全球黄金法则，http://radicalspirit. typepad.com/seekingandserving/the-golden-rule-around-the- world.html.

2. Robert Fulghum, *All I Really Need to Know I Learned in Kindergar- ten* (New York: Random House, 1989).

3. Donald DeMarco, "The Virtue of Fairness," *Lay Witness*, Septem- ber, 199, 2015/7/2，www.cuf.org.

4. 同上.

第11章　结果

本章无备注。

第12章　结论

本章无备注。

致谢

撰写这本书对我而言是心甘情愿的工作，期间我有幸得到很多人提供的各种帮助。我要感谢 Carolyn Acklin 女士花费大量时间帮我录入每次修改过的手稿，感谢 Brionna Jones 女士协助我打印并且调整格式。我还要感谢 Deborah Heard 女士为我提供编辑服务，她的帮助对我弥足珍贵。我还要感谢 Joyce Jarrett 博士花时间审读本书手稿。

最后，我要感谢 CharritaDanley 博士阅读、研究并审读了本书手稿，并且以汉普顿大学出版社主任的身份监督本书英文版的出版过程。